冰与火

——中国股市记忆

总 策 划／郭振玺
主　编／李勇 哈学胜
执行主编／吴小杰 郝鹏洲

红旗出版社

图书在版编目（CIP）数据

冰与火：中国股市记忆／李勇，哈学胜主编.
—北京：红旗出版社，2010.11
ISBN 978-7-5051-1914-7

I.①冰… II.①李… ②哈… III.①股票—资本市场—经济发展
—中国—通俗读物 IV.①F832.51-49

中国版本图书馆CIP数据核字(2010)第225642号

书　　名	冰与火——中国股市记忆		
总 策 划	郭振玺		
主　　编	李勇　哈学胜		
出 品 人	高海浩	特约编辑	李云　闫静
总 监 制	徐永新	封面设计	张惠　李妍
责任编辑	粟博莉	版式设计	周欣荣　荣建娟
责任校对	刘文芳		
出版发行	红旗出版社		
地　　址	北京市沙滩北街2号		
邮政编码	100727		
E－mail	hqcbs@publica.bj.cninfo.net		
编 辑 部	（010）64068163		
发 行 部	（010）64037154		
印　　刷	三河市骏杰印刷厂		
开　　本	710毫米×1000毫米　1/16		
字　　数	267千字	印　张	17
版　　次	2010年12月北京第1版	2010年12月河北第1次印刷	
书　　号	ISBN 978-7-5051-1914-7	定　价	35.80元

序

故事里的中国股市

■中国证监会首任主席　刘鸿儒

　　我常常回忆起证监会的诞生和成长，以及我在证监会那艰辛而快乐的700多个日日夜夜。

　　我常说，我们是开荒、修路、铺轨道，开了荒，修了路，铺上轨道以后，后面的人就可以在这个基础上开快车了，所以比较辛苦，也可能走弯路。

　　1992年，由于前几年股票市场的示范效应，全国都掀起了"股票热"，最终引发了深圳的"8·10"事件。"8·10"事件表明，股票市场是一个高风险的市场，哪怕一个技术性的问题如果处理不当，都可能引发社会问题，甚至是带来政治风险。

　　深圳"8·10"事件的出现，震动了各有关部门。中共中央和国务院领导也感到了问题的紧迫性，意识到成立一个专门监管机构的必要性和重要性，于是就采取了特殊的办法，加快了研究建立统一监管机构的步伐。

　　朱镕基找我谈话，要我出山，担任中国证监会首任主席。我说这是火山口上的工作，不好做也干不长。他说，责任不要你承担，我来承担。我说，出了事哪有让总理出来承担的，当然我要承担。要干，就要做好思想准备，勇于承担风险的责任和各种想象不到的后果。当时我便答应了。

　　1990年11月，江泽民同志在飞机上和我谈话时，我曾经认真地表示过，请相信我作为一名老共产党员，会探索出一条社会主义制度下发展资本市场的道路。即使遇到再大的困难、再大的压力，甚至再大的打击，我也要拼着这条老命，义无反顾地把这项改革推进下去。

第一次召开证监会职工大会，我开门见山讲了两句话：第一句话是，做我们这个工作，要有充分的思想准备，股市下跌快了，下面有意见，怕被套牢；股市上涨快了，上面有意见，怕影响社会安定；不涨也不跌，上下都有意见，人家会说你办的不像市场，因此永远是会有意见的。

第二句话是，我们是第一代拓荒人，没有现成的经验可参考。我们的任务就是开荒、修路、铺轨道，基础打好了，后来人就可以稳稳当当地开快车了。这是我们应有的思想准备，也是光荣的职责。换句话说，挨骂是肯定的，挨了骂但给后人打下了好的基础，提供了好的条件，开出一条好路来，也是我们的幸福，这是值得的。

到今天我也这么想。

说股市里的故事非常有意思，中央电视台财经频道纪念资本市场二十年特别节目《中国股市记忆》我经常看，这个节目做得不错。从故事里，人们看到了股市的方方面面，微观的宏观的层面都能看到，而且生动。当然也有需要调整的地方，但是在这样一个浮躁的年代，这样一些年轻人在做这样一件很有意义的事我认为是很好的。《冰与火——中国股市记忆》的书充实了更多当时背景的介绍，一个个带着浓厚的特定时期色彩的故事，一幅幅珍贵的老照片，不仅让我们重温了历史，了解了中国股市的来龙去脉，而且让喜欢思考的人们能用更理性的眼光看待还在成长着的中国股市，对投资者很有帮助，对年轻一代学习和借鉴历史经验，很有益处。

刘鸿儒

忆往昔峥嵘岁月

■ 中央电视台财经频道总监　郭振玺

　　1990年12月，上海和深证证券交易所的开业，标志着新中国证券市场正式诞生。转眼间，中国股市已届"弱冠"之年，要行成人礼了。

　　对人的一生来说，20年是一段漫长的岁月，但对资本市场而言，实在是弹指一挥间的事。我们不去和欧美二、三百年高龄的成熟市场相比，即便在新兴市场中，20岁的A股也依然是"小字辈"。但"小字辈"的发展速度实在惊人：沪深A股总市值达到24万亿，已经成为仅次于美国的全球第二大市值市场，A股总市值占GDP比重已经超过70%；上市公司数量逼近2000家，二十年来，A股市场为中国经济的发展贡献了将近3万亿的资本金。回想1990年沪深证券交易所开业时只有"老八股"和"老五股"当家的场面，恍如隔世。

　　在中国股市快速发展的20年间，指数从100点起步，最高冲上6100点，又回头跌穿1700点，身处其中，难免饱经跌宕，百味横陈；从艰难的创立到前无古人的股权分置改革，从庄家横行到价值投资理念的普及，中国股市无不在试错中前行。

　　作为媒体人来说，二十年前尚不知证券报道为何物；如今，每一轮宏观政策的调整，每一次经济数据的发布，都要与股票指数的涨跌挂钩，已经是一种直觉化的新闻敏感。这种重视的提升，绝不仅仅出于股市自身体量的增长，更重要的原因在于：伴随股市成长，投资者已形成一个不可忽略的庞大群体，1.5亿的股票开户数、3000多万的基金开户数，使股市涨跌成为民生关注的重要部分。

　　20年的探索使中国股市由"野蛮生长"转向成熟发展，伴随股市成长的不止是价值发现渐成主流之势，证券媒体的功能也在时空的剧变中日臻完善，由行情涨跌的关注转向价值发现的引导。与此同时，资本市场的迅速发展对财经类媒体提出了更大的挑战。与新闻专业主义追求一样，财经专业主义追求成为媒体发展的新理念。自去年8月24日财经频道创办以来，财经频道一直探索专业频道的发展路径，进行着全流程、全体系、全链条专业化的全新尝试，建成了专业的资讯采集与整合加工系统、智库系统、数据库系统等专业频道发展的支撑系统。这只是开始，下一步财经频道将搭建全链条财经信息服务平台，实现"以中央电视台财经频道为龙头，包括财经电视频道、财经报纸、财经杂志、财经广播、财经网络（互联网和移动互联网）、数据库、财经研究机构等在内的全链条财经信息服务平台"的美好愿景。

目前，中国经济正处于转变发展方式的关键时期，证券市场无疑将会发挥更大的作用，作为后继者来说，如何从前人的经历中明晰对错，学到正确方法，是维护市场平稳发展的需要，更是资本市场助力中国经济的需要。

这本书正是讲述中国股市成长经历的实录。它的独特之处在于，作为历史题材的文本，它既非按部就班的"编年体"，也不是座次分明的"纪传体"，而是一种"口述化"的历史。它的素材，脱胎于一部既"长"又"短"的电视纪录片——《中国股市记忆》，长达61集，每集却只有短短四分钟。在这部电视片中，那些对中国股市的发展举足轻重，或感悟最深切的人，亲口讲述20年间亲历的重大事件——或慷慨激越，或百转千回；或柳暗花明，或令人扼腕。和平铺直叙的描述相比，这些当事人的讲述，或许更能唤起投资人的共鸣。

这本以"记忆"命名的书，记录的是中国股市成长历程中的吉光片羽，却也是中国股市20年历程中浴火涅槃的关键时刻。对于没有经历过的投资者而言，这些"陈年往事"并不仅仅是谈资的积累，而且蕴含着财富博弈的智慧，以及由失败探索出的经验，这是一份宝贵的财富。

2010年12月2日 于梅地亚

CONTENTS

目　录

冰与火

中国股市记忆

冰与火 中国股市记忆

引 子

　　如果说，我们从1990年的12月份开始算起，那么到现在，中国股市已经走过了20年的风雨历程。20年对于一个人来说已经是青年，但是对于中国股市来说不过是刚刚走出它的童年时代，少年的中国股市意气风发，成长的欲望不可抑制。回望来时路，有那么多的探索与开创，有那么多的艰辛与苦涩，值得我们去记忆。

　　这本书将和你一起去重温中国股市里的故事和故事里的中国股市。

　　在这里，我们可以看到十一届三中全会是在怎样的社会背景之下开启了中国改革开放的大门，三个三中全会，从改革开放到有计划的商品经济，再到社会主义市场经济，从根本上奠定了中国股市得以生存的政治环境。

　　在这里，我们可以看到改革开放之后，发行的第一张股票。

　　你知道第一个发行股票的企业是谁吗？

　　你知道这些企业发行股票背后的故事吗？

　　你见过最早的一批纸制股票都长得什么模样吗？

　　你见过还本付息、退股自由的股票吗？

　　我们会为你一一加以展示。

　　在这里，我们将带着你一起去结识第一位下单的红马甲。

　　你知道第一个证券交易所出现在哪里吗？

　　你知道上海和深圳的证券交易所是怎么建立起来的吗？

　　你知道在我们的证券历史上曾经出现过零交易吗？

　　你知道第一次救市是怎么进行的吗？

　　你知道当年的T+0和放开涨停板给这个市场带来了什么吗？

　　你知道深圳"8·10"事件的来龙去脉吗？

在这里我们还将和大家一起去见证中国证券市场规范监管的曲折历程。

你知道第一个出局的上市公司是谁吗？

你知道第一个被公开谴责的公司又是谁吗？

你知道第一个被STPT的公司是谁吗？

你知道第一个被行政处罚的上市公司又是谁呢？

你知道第一个把上市公司推到被告席上的投资者又是谁呢？

在这里我们还愿意和大家共同去感受喜怒哀乐，共同去感悟成长成熟。

在这里我们还可以看到很多很多，感受很多很多……一般来说，讲故事总要先说很久很久以前，但是对于改革开放之后的中国股市来说，不需要说很久很久，32年前，从1978年开始……

第一章

鸿蒙初辟

1978年，中国股市的传奇开始。

这一年，中央首次提到"公司"的概念。

两年后，"第一块红砖"落下，"宝安和工展"亮相，"小飞乐"出场……

自下而上的股份制破土而出，渴望一个成长的春天。

1984年，中国共产党十二届三中全会明确提出：

中国社会主义经济不是计划经济，而是以公有制为基础的有计划的商品经济。

于是两年后，"沈阳交易市场"来了，"静安"也来了……

1

冰
与
火

中
国
股
市
记
忆

当代中国的许多传奇似乎都是从1978开始的。

1978年老年人记得最清楚的是涨工资，那一年全国60％的职工增加了工资，这是建国28年来动作最大的一次。当时没有奖金、稿酬和加班费，工资是大家收入的全部。

直到20世纪70年代末，工资增长的速度都比较慢，好多年才能涨一次工资，而且每涨一级工资只有几元钱，还不是每个人都能有机会。那时单位涨工资是有名额限制的，有时大约只有三成人能涨工资。工厂为了避免由此产生的纠纷，要详细划分涨工资人员的范围，确定后还要张榜公布，程序相当严格。从一位陈大爷的账本上看，1972年每个月他和爱人的收入是40.37元＋35元＝75.37元。这些钱要养活全家四口人，相当拮据。他一共挣了17年的40.37元，当时他经常想要是每月能够挣100元，就非常知足了。

调查显示：从新中国成立初期到改革开放（1949～1978年），城市居民收入增加缓慢。城市居民人均可支配收入由1949年的151元增加到1978年的388元，增长1.6倍，扣除物价上涨因素，实际增长1.0倍，平均每年递增2.4％。

苏联电影《列宁在1918》里有一句台词：牛奶会有的，面包会有的。1978年，中国人尝到了牛奶面包令人愉快的香味。

当年的中国社会已经在发生变化，"两个凡是"和阶级斗争的口号越来越不大听得到了，一些农村偷偷把地分了。那一年的5月，《光明日报》刊登了《实践是检验真理的唯一标准》的特约评论员文章。随后，一场规模宏大、内涵丰富、影响深远的关于真理标准问题的大讨论，在全国轰轰烈烈地展开。

在中国的党报上，"本报特约评论员"文章可以说是一种特殊的体裁，它代表相当权威的声音。这种文章一般出自编辑部的高层，或总编，或有关权威专家。而这篇文章的初稿却出自南京大学的一位青年教师，他叫胡福明。原来的题目叫"实践是检验真理的标准"。后来，在不断的修改中，加上了"唯一"。

这些都是天大的事。

9月份，邓小平在一次谈话当中很尖锐地指出，我们太穷了，我们太落后了，老实说对不起人民，我们现在必须发展生产力，改善人民生活。说出这些话在当时需要多大的勇气，但就是这种敢于面对的真诚态度，让敏感的人们感到一个伟大的时代就要来了。

今天我们引以为改革开放标志的中共十一届三中全会，是1978年12月18日到22日召开的。在这之前召开了36天的中共中央会议，两个会议加起来共40天。今日已经很少有这么长会期的会议了。

这次会议作出了一个影响深远的战略转移：实行改革开放、启动农村改革新进程。全会《公报》近万字，其中有一段耐人寻味的论述，即："现在我国经济管理体制的一个严重缺点是权力过分

在三十年前的中国，并非所有的会议都会"一致通过"，但这次不同。三十年的折腾，三十年的落后，再也不能这样"一致"下去了。这次的"一致举手通过"，是心指挥的手

从改革开放，到有计划的商品经济，再到社会主义市场经济。1978年12月18日，中国共产党第十一届三中全会召开，1984年10月24日，中国共产党第十二届三中全会召开，1993年11月11日，中国共产党第十四届三中全会召开，三次"三中全会"让历史的脉络一目了然

集中，应该有领导地大胆下放，让地方和工农业企业在国家统一计划的指导下有更多的经营管理自主权；应该着手大力精简各级经济行政机构，把它们的大部分职权转交给企业性的专业公司或联合公司……"

这是中央首次提到"公司"的概念，虽然还没有"股份"二字，但战略意义深远。

六年后中国共产党十二届三中全会明确提出：中国社会主义经济不是计划经济，而是以公有制为基础的有计划的商品经济。

再一次的"三中全会"是1993年11月11日，中共十四届三中全会。会上提出了"社会主义市场经济"的论断。

三次"三中全会"，从改革开放，到有计划的商品经济，再到市场经济，意味着中国计划经济的大坝正在被市场经济撬动，而这，正是股市这个纯粹的市场经济产物的生存前提，股市的种子正是从此时开始发芽。也就是说，如果没有十一届三中全会，就不会有今日中国股市，不会有"327"事件，不会有《人民日报》托市，不会有基金黑幕和开弓没有回头箭的股改，更不会有这本《冰与火——中国股市记忆》了。

让我们记住1978年，记住十一届三中全会，记住这个伟人——邓小平。

2

第一块红砖

在中国人眼里，股票曾经是一个魔鬼。茅盾先生的小说《子夜》把这个魔鬼深深地印在了中国人的头脑中。但是，1980年，有人要为股票平反。

1980年9月25日，在《工人日报》上，孙广林在《怎样看待股份公司的性质》一文中认为：社会主义的股份公司与马克思所论述过的工人合作工厂一样，是一种公有制性质的企业。有利于为社会主义建设筹集资金，有利于待业人员安排，是社会主义企业一种可行的模式。

同一版上也刊登了邢廷风的文章，他认为：股份公司的私有制性质，决定了它的分配原则是按资分配。这种私有制的股份公司，对于我国的四个现代化实在是弊多利少。

改革开放初期，知青返城使中国的城市面临着严峻的就业压力，

怎样看待股份公司的性质

四川省社会科学院 孙广林

股份公司对四化建设有害无益

湖北省咸宁地区财政局 邢廷风

"社会主义的股份公司=马克思论述过的工人合作工厂"，因此，"是一种公有制性质的企业"。在当时的中国，学者们做这么小心的求证，实际上是做自己的护身符

到1979年，全国回城的知青大约有1700万，再加上320万没有就业的留城青年，总数达到2000多万，大体相当于当时中国城镇人口的十分之一。

为解决知青回城的就业问题，1980年4~5月份，中央书记处研究室和国家劳动总局联合召开了劳动就业座谈会。在这个会上，北京大学教授厉以宁提出股份制设想，认为可以号召大家集资，兴办一些企业，企业也可以通过发行股票扩大经营，以此来解决就业问题。

当然，那时的股份制是集体股份制经济，只是限制在类似北京大碗茶之类拾遗补阙的街道合作社里，完全不牵扯到国营经济。但即使这样，也是刀光剑影，漫天口水。

股份制企业出现了，那么谁是新中国最早发行股票的企业呢？

是深宝安，北京天桥，还是上海飞乐？都不是。最早发行股票的是一家红砖厂。

80年代初，中国到处都在盖房

在中国市场经济的创立过程中，厉以宁被人们称为"厉股份"。为了解决就业，他小心翼翼地提出了股份制这个在当时看上去不属于公有制的所有制结构。然而，正是股份制，解决了中国迈向市场经济方向性的一步。1998年12月底，《证券法》在全国人大常委会上获得通过。厉以宁是起草小组的组长

子搞建筑，红砖奇缺。在抚顺，抚顺红砖一厂年产量只有800万块红砖，而市场需要量是2300万块。每天到抚顺红砖一厂拉砖的人和车排起长龙。怎么办？要想扩大生产能力，需资金1800万元。如何筹资呢？

这时候出现了一个聪明人，胡颂华。

胡颂华当时是抚顺市人民银行的一个信贷员，他也为砖厂着急。在辽宁图书馆，他看到了关于股票的一本书，都是介绍外国的股票。我们不妨就试一试吧。

于是，中国人民银行抚顺办事处向抚顺市建委和人行打报告，要求发180万股票。当时有人认为发股票是资本主义的，是出风头。但抚顺市政府、市建委觉得这事好啊，还有人给拿钱，扩大生产啊。市建委建议发280万股票。1979年10月20日和12月27日，市领导两次召集有关人员开会研究发行股票的事，最后会上原则达成购股260万股。

因为发行挺急，股票是找报社印的。今天肯定不能找报社印股票了，太容易被仿制了。今天也不用印了，都电子化了。

当时股票不卖给个人，都是大厂买，像抚顺铝厂、抚顺钢厂、石油三厂。哪家买了股票，就可以优先买砖，不用排队，能不积极吗？ 1980年1月1日红砖股票正式发行，到1月28日有200多家企业认购，280万股票认购一空，大功告成。

这张股票的背面，有三条还本及优惠办法。不像是一张股票，更像是一份合同。特别是这第一条：凡需用红砖单位，均可用利润留成和基金结余等资金，酌情购买。看明白了吗？它规定了，你要用什么样的资金来购买，并且呢，还好言相劝要酌情购买。那第二条规定呢？两年之内还完，也就是说这个股票是可以收回的。

1980年1月1日，红砖股票正式发行，200多家企业认购，280万股票认购一空，股票集资的第一步，大功告成

还本办法及优惠条件

一、凡需用红砖单位，均可用利润留成和基金结余等资金，酌情购买。

二、本股票在形成生产能力后，两年内还完，八二年七月一日还50%，八三年七月一日还完。

三、供应红砖的优惠条件：每股每年以国拨价按月有比例供应红砖。

这张股票的背面，有三条还本及优惠办法，不像是一张股票，更像是一份合同因为当时还怕上级责怪，不让搞股份制企业。所以，1982年以后，抚顺银行通过新增的利润、税金的形式，买回原来的股票，收回了股本金，又变成国有资产独家经营了。

现在，胡颂华手里还有一张红砖股票，成文物了。据说这张股票现在的价值——六位数。

股票哪有收回的？所以，红砖股票不能算严格意义上的股票，只能算是准股票，疑似股票，或者更接近债券。

虽然红砖股票只是一个准股票，但它是改革开放后股票的星星之火，其后出现了更多的准股票，以及真正的股票。1980年4月出现了成都工展股票，后改为蜀都股票上市；1983年7月深宝安股票发行；1984年7月北京天桥股票发行；1984年11月上海飞乐股票面世。

3

宝安和工展

　　早年间，在中国有一些特殊的地带，就是中国与国外境外接壤的地带，叫做边防。中国公民去那里要办特殊的证件，而多年来国家也很少往那里投资，因为怕打仗，打坏了坛坛罐罐。广东深圳宝安县就是这样的一个地方，要不怎么就叫宝安了。

　　深圳特区建立时，宝安县迁至二线之外，要重建一个县城，还要操持各项事业。但当时宝安县一年的财政收入才1000万元，这点儿钱盖楼搞工业都显得力不从心。当时的宝安县县长李广镇急得不行，怎么办？隔河相望，发行股票在香港是天经地义的，是深入人心的。但在宝安，这里是社会主义，实行计划经济，谁敢提股份制？

　　宝安县大着胆子提了，深圳市也大着胆子批了。特区就是应该先行一步。1983年7月宝安县联合投资公司成立。

　　宝安县联合投资公司的设立和发行股票确实大胆，但更大胆的是《深圳特区报》。

　　要知道这个《深圳特区报》可是我们常说的党报啊！作为党报，你怎么能够为一个当时有争议的事物服务呢？但是敢为人先的特区人就这么做了。这是1983年7月25日的事。

　　宝安的招股启事有点意思，一共200来个字，俨然就是今天动不动就需要上万字的招股说明书的微缩版。俺想干什么、你有什么好处都用最精练的语言讲得很清楚，特别好玩的是，他们把要盖的那

特区就要办特殊事，党报也不例外。首先，文章全是繁体字；其次，竖排版，标题从左至右写，这在当时以至现在的中国可能都绝无仅有。1983年的深圳只有200万人口，且贫困的农村人口占多数。看来这张报纸更多的是想给对面的香港人看。所以，想要"集资"盖楼的招股书堂而皇之地上了党报。这在当时是特殊，而在当下是正事。党的中心工作是：以经济建设为中心。党报登广告，这是必需的

廣東省寶安縣縣聯合投資公司

歡迎省內外國營集體單位，農村社隊和個人（包括華僑、港澳同胞）投資入股，每股人民幣十元。實行入股自願，退股自由，保本付息，盈利分紅。縣地方財政擁有20％股權。公司確保股東權益，享受優惠待遇。

經營范圍：開展房地產、工商業、農林牧漁業等開發性生產建設和經營服務。

本公司設在西鄉新縣城，業務事宜，敬請洽談。本縣農村投資者可到所在地銀行營業所、信用社辦理入股手續。

公司章程，函索即付。

1983年7月25日，深宝安在《深圳特区报》上刊登的招股启事

股金証存根

股金証號碼：000000

股金証金額：壹仟圓

股東手冊編號：

備註：

收款人盖章

年　月　日

深宝安的股金证样本，面值1000元，每股10元

成都工展的股票，面值1万元，印制精美

个大楼的草图放在了这个招股启事当中，比现在某些弯弯绕式的募集资金投向清楚多了。

股票卖得好吗？据说由于当时人民币最大面额仅为10元，又没有点钞机，公司财务点钞票把手指头都磨破了，只能用胶布贴上接着数钱。那年的腊月二十九，正好收了几十万现金，但恰逢过节银行都提前关门了，只能将收到的几十万现款放在床下，战战兢兢地守着大笔钱过了年。

1991年6月25日深宝安上市交易，现在它已经发展成为总资产将近100亿元的大型综合类集团公司。它的名字也改了，叫中国宝安。

实际上，利用发行股票而盖大楼的深宝安并非第一家，早于他们三年，远在四川的成都工展就用这个办法拿到了2000万元钱，盖起了一座蜀都大厦。

成都工展的股票印得很精美。手工绘制，照排制版，比抚顺红砖好多了。成都工展的股票是成都人王冠武手绘的，然后照排制版，由东河印钞公司印制。王冠武后来成了股票设计专家。

1979年12月，成都市计划建立一个展览窗口，这个任务落到了筹备组主任陈良平和他的同事肩上。但当时没有资金，他们想到了用股票集资的方式，于是打报告给成都市领导。

1980年初，市经委向市政府递交了建立"成都市工业展销信托股份公司"的请示报告。报告中明确提出："公司是由各集资合股的股份公司。公司资金按入股自愿的原则。公司的资产属于投资的各单位集体所有，任何单位不得平调或侵占。公司实行独立核算，自负盈亏。并拟建公司展销大楼（即现在的蜀都大厦）。"

注意，这里所叙述的原则在今天看来已经不是问题，但在30年前，这还真是问题，是大问题。比如，"公司的资产属于投资的各单位集体所有，任何单位不得平调或侵占。公司实行独立核算，自负盈亏"。30年前，投资绝大多数都是政府的，尤其是在城市中心，搞这么大的大楼，怎么能允许非政府的机构操持？其次，就算是投资是集体的，怎么政府就不能动了？那个年代，讲究的是一大二公，一平二调，大公无私，甘于奉献。

　　1980年6月11日，成都市政府下发文件，批准设立成都市工业展销信托股份公司。这其中还有个细节，在成都工展的设立申请和成都市政府的批复中，都把股份公司错写成"股分公司"，分家的分。但从中文字面上来理解，这也没错，分家单过，责权分明。

　　成都工展后来在深交所挂牌交易，简称蜀都A，现已改名友利控股。

4

冰与火

中国股市记忆

1984年的8月23日，北京市天桥百货股份有限公司成立。天桥股份是个什么性质？这可难坏了工商局。

为这事，工商局整整开了三天会：企业性质怎么填？说国营吧，明明把股票卖给个人了；说集体吧，又不像；说个体吧，更不是那么回事。最后来了个一锅烩，把企业性质定为"全民、集体、个体合营"。要是搁到今天，天桥就是混合经济，多简单。

这企业性质这么重要吗？因为天桥股份不是在抚顺，不是在成都，也不是在深圳，是在北京。北京是什么地方？而天桥也不是一般的百货商场。

中国的百货商店在上世纪40年代以前一般规模不大，私营的较多。50年代开始，国家对当时的工商业进行了社会主义改造，公私合营了一批，收编了一批，新设了一批。此后，在计划经济的体制下，百货商店默默地、年复一年地担负着保障供给、搞活流通的职责。那时商店里商品不多，常常出现货架上没货的现象。

天桥百货商场原名为中国百货公司北京市公司第四批发部，以敢第一个吃螃蟹闻名。50年代，它是"全国第一面商业红旗"；80年代初，它又第一个打破中国30年工资制，将商业11级改为新8级。但是这面红旗的根据地——一个1400平方米的大棚实在太破了，朽木屋架，苇席吊顶，灰坯墙一拳一窟窿，雨季来临，需支上几根碗口粗的铁柱，以防倒塌。30年了，没一天不想修，但，钱从何来？

总经理张继斌最苦恼的是企业没有自主权。从条条块块来看看，天桥只是崇文区百货公司属下一个小小科级单位。经理只有10

北京天桥百货股份有限公司在成立之初是有行政级别的——正处级

这是北京天桥的营业执照，注意它的经济性质，是全民、集体、个体合营，这在当时的中国，很不多见

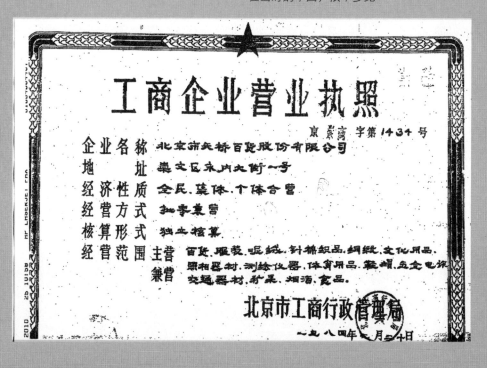

天桥股票的面值有三种，分别为1万元、100元、1000元

元钱，也就"一把扫帚"的审批权。修个厕所，都得上边拨钱。

"天桥"曾在外地找了七八个联营点，以商品形式投资，就这，还被有关部门狠狠训了一顿："北京的物资能这么随便外流吗？"

张继斌在寻找出路。他隐隐想到了股份制，他知道，股份制能政企分开，企业有自主经营权。

张继斌埋头参考国外股份制条文，加上他对解放前股份制一鳞半爪的印象，搞了一份北京天桥百货股份有限公司章程。与前几个股份制章程一样，天桥股份制最不规范之处也是股票"保息还本"。天桥股份第一次发行总额为300万元。张继斌极其郑重地抠出5万元到北京印钞厂印刷，精美无比。天桥股票五六天时间就被认购一空。1993年5月24日，天桥股票在上海证券交易所上市。

天桥百货股份有限公司由此成为北京市第一家实行股份制的企业，同时也是全国第一家正式注册的股份制商业企业，全国第一家由国营企业转制为股份制的企业。

发完股票，企业急需的资金转瞬之间得到了。1988年，"天桥"扒了风雨飘摇的大棚，兴建了营业面积为8000平方米的新楼。

当年曾有人善意地告诫张继斌：天桥是红旗，可别胡来……注意，天桥股份是经北京市崇文区政府批准的，而不是市政府批准。降低身份，或许是规避风险？

风险确实有。1983年开始反精神污染运动。有小伙子把女朋友的照片当"精神污染"上交，在一些地方，邓丽君的歌被当做靡靡之音查收。1984年9月，当时的纺织工业部52岁的女部长吴文英到淄博出差时，身穿金黄色的紧身花褂和线条流畅的裙子，一时成为新闻。吴说，要顶住闲言碎语，要解放思想，不要用50年代的服装观点来看待80年代的穿衣问题。

今天，大家断不会再把穿衣与解放思想绑在一块儿的，企业性质也不会再为难工商局了。

1986年，邓小平会见纽约证券交易所董事长约翰·凡尔霖。有关部门本来是打算用天桥的股票来作为礼物回送给梵尔林，可是股票拿过来一看，好家伙！这张股票上面不但有信托的字样，并且还详细地标明了支付股息的年限和比例，这显然是不符合标准股票的要求的，就这样天桥股票与国礼擦身而过。

从地市级的抚顺红砖到省会城市的成都工展，从特区的深宝安再到首都北京的天桥百货，股份制自下而上的进程越发的清晰，那么下一个又会是谁呢？

1993年5月24日，北京天桥和北京天龙同时在上海证券交易所挂牌交易，那天的大盘根本不给面子，暴跌10%。当时上市交易的股票也就100多只，同一天上市两只股票，这是大扩容，当然要暴跌。要知道，当时每天的成交额也就几个亿，两只股票的原始股东、职工股要是抛出股票，弄出个大盘暴跌一点儿都不奇怪

5

小飞乐

1984年11月18日，上海《新民晚报》在一版不显眼的地方刊登了一条消息说：本市出现一家接受个人和集体自愿认购股票的新型公司——上海飞乐音响公司。它对社会发行1万股，每股50元。

当时上海人并没太拿这当回事。然而，有个老外注意到这条消息。日本《朝日新闻》先登了一大块文章讲飞乐，接着日本野村证券株式会社董事长伊藤正就满大街要找上海同行聊。

飞乐音响的股票印制得非常标准

上海飞乐音响的
第一任董事长兼总经
理秦其斌

上海人是小心谨慎的。在这之前的7月份，拿出了一个八条的《暂行管理办法》，其中第一条规定：新办集体所有制企业可以发行股票。也就是说，国企和个体户都不许发股票。这是什么意思？让集体企业先探探路子。

在最初讨论如何实行股份制时，当时的市委常委吴邦国和黄菊就不止一次来过飞乐电声厂，每次来都悄悄的，很神秘，像搞地下工作一样。

飞乐音响第一任董事长兼总经理秦其斌对这段经历同样记忆尤深：

"于是我们要去工商登记了，一个小小的企业要叫公司了，这个工商受不了了，这个公司不能乱叫的，1984年的时候公司不能乱叫的。公司是一种行政级别，不是一种经济实体，不是个法人组织，它是个行政级别。有人就说，你是不是有野心呀？你们是不是嫌现在这个官当的太小了？"

后来飞乐音响拿着政府的批文还是办了工商登记，但是在企业性质一栏当中写的是集体。这下麻烦来了，1986年，小飞乐第一次分红，分红之后税务局稽查大队就找上门来，毫不客气地说：分红？你们这是私分国有财产。秦其斌据理力争，我们不是国营的。集体的也是国家的，稽查大队认为，公积金、公益金是不能私分给个人的。没有办法，秦其斌只好写检讨认罚款。

实际上，小飞乐发行只是登了一下报，并没有公开发行，并且已静悄悄全找好了下家，做好了失败的预案。

但1个多月后，1985年1月14日发行延中实业有限公司股票时，可了不得了，上海人都醒了。

延中股票由工行信托投资公司静安分部代理发行，当时胡瑞荃副经理在现场操作，他说："从江宁路排队转弯到南京路，人群长队绕了好几条街，结果20路车也开不动了，交警跑来找我：为什么不事先打招呼？我也不知道会有这么多人呀……延中股票发行额共500万，原来计划在柜台上发行350万。可到中午12点一看，不得了，已经超过350万。我马上打电话请示上海人行金管处，对方说要控制在450万以内。到下午3点钟一看，已经发到470万，不敢再发了，马上来个急刹车。"

解放前上海有200多家交易所，上海人的股票意识那是一点就着。

"我曾经问个不休，你何时跟我走，

可你却总是笑我，一无所有……"

这是1986年开始流行起来的一首歌，崔健的《一无所有》。尽管它的歌名叫"一无所有"，但他反复吟唱的一句歌词是：你何时跟我走？

1986年，中国人的情感火热，充满了渴望。而在东北这块黑土地上，也有一种渴望。

东北是中国的老工业基地，有雄厚的实行计划经济的基础。但它的股份制的孕育和发展一点都不逊色于其他地方。

当时的企业为了筹集技术改造的资金，1985年，沈阳市发行了企业债券。到1986年时，连国有加上集体再加上街道企业，一共发行了将近4000支股票，筹集的资金存量达到4亿元。

但是企业职工购买后，发现自己的资金被沉淀了，急需用钱则没有地方流通变现。而社会上的居民又急于想买到这些内部债券和股票。

资金渴望流动，沈阳市政府决定开办一家证券交易市场以解决此问题。

当时的领导班子找到几个实力强大的信托投资公司商量开办证券交易市场，却被以各种理由谢绝，而实力最单薄的沈阳信托投资公司总经理孟铁却毅然接受了这项具有风险的任务。

1986年，沈阳市政府决定开办一家证券交易市场，当时实力最单薄的
沈阳信托投资公司接受了这项有风险的任务

1986年8月5日，新中国第一家证券交易市场开业，不算热闹，但也绝不冷清

1986年8月5日，沈阳信托投资公司在沈阳市市府大路六段23号开办了第一家证券交易市场。

1986年8月5日，沈阳证券交易市场就在这里的沈阳市信托投资公司开市交易。当天，上市的债券只有黎明机械公司和沈阳工业品贸易中心两家的有奖有息债券。

当时有关领导担心交易冷清，特意安排了两辆卡车，拉着沈阳市黎明机械厂和沈阳市工业品贸易中心的上百名职工，来为开业造势。而上市的两家公司同样为了避免交易冷清甚至想过自买自卖的办法。

但没有想到，当两辆大卡车赶到仅有40平方米的营业部时候，却发现已经有成百上千的股民挤在了营业部的门口，被拉来造势的假股民根本就没有派上用场。

9点40分，新中国第一家证券交易市场在沈阳市市府大路六段23号举行了开业典礼。到场的领导、嘉宾达到200多人。尽管没有敲锣助威，但是当时鞭炮齐鸣，掌声雷动，人群沸腾，好不热闹。

开业当天，买入债券的有97人次，343张，卖出债券15人次，204张，成交额大约是2.26万元。

当天的《人民日报》海外版对这个交易市场的开业进行了报道，请大家注意它的两个用词：一是首家，二是证券交易市场。首家没问题，但它为什么叫"交易市场"，而没有直接叫"交易所"呢？稳妥起见。叫交易所好像与资本主义没有区别，太敏感了。在今天的人看来，这不过是自欺欺人的文字游戏而已，但在当时，这是必要的妥协。

开业第二天，一位外国客人光顾了这里。谁呀？美国驻沈阳领事馆的商务领事斯洛茵女士，她精通汉语。

当时，她曾经试探地问道：按照中国以往的做法，进行大的改革要有中央领导坐镇，你们有没有北京中央的领导来蹲点坐镇？答案当然是：没有。于是，有一个

1986年8月6日，沈阳证券交易市场开业上了《人民日报》海外版

日本记者打赌说，这个市场，不超过两个星期就得关门。

从1986年10月到1987年，这家地方股票市场不断扩容，先后有五大类、21个单位的55个品种的有价证券上市交易。交易品种的丰富，极大地调动了投资者的积极性。由于营业部40平方米的地方太小，黑市交易很快就出现了。1987年7月30日，孟铁他们又在原址北侧新建了一个200多平方米的交易大堂。

沈阳证券交易市场持续了12年，到1997年才完成它的使命，当时沪深股市已经建立了7年。不知当年的那个日本记者，对此作何感想。

沈阳证券交易市场开业后，孟铁（图正中）接受海外记者的采访。一位日本记者预测交易市场不出两个星期就会关掉。理由很简单，没有中央领导坐镇的事儿，肯定得黄。这个定论下错了，这就叫不了解中国的国情。改革开放初期，"摸着石头过河"是普遍适用的策略，成功了，总结经验，推而广之，不成功，偃旗息鼓，另谋他路。东北人在沈阳那旮旯做的新鲜事，也没想让中央领导知道。谁成想，这件事一干就是12年，成了新中国第一家证券交易市场

静安营业部

沿着上海的南京路一直向西，有一个地方叫静安寺，说到这个静安寺可不得了，它比上海建成的时间还早，相传始建于三国时期。

80年代，在静安寺附近的南京西路1806号，曾经有一家10平方米左右的理发店。后来这家理发店换了主人，这个新主人来头不小，上海工商银行信托投资公司。

1986年9月26日，就在这个被改造过的理发店里，全国第一个股票交易柜台开业了，史称：静安营业部。

上午9时整开盘，牌价挂出，飞乐音响公司股票买进卖出价都是55.6元，延中实业公司买进卖出价54元。人们涌到柜台前，抢着要"代理购入股票委托书"。飞乐音响公

静安营业部首开上海股票转让之先声

静安营业部开业当天，
天气不错。营业部外边的人
不算太多，但也绝对不算少

静安营业部开业当天，交易很火爆

静安营业部开业当天（一）

静安营业部开业当天（二）

司的700股股票，在开业两小时内出售一空；延中实业公司的1000股股票，到下午4时15分收盘时，也出售了840股。

据《文汇报》当时的报道，在拥挤的人群中，第一个购进股票的是一位坐在轮椅上的残疾男子，他带了1000元人民币，买了18股小飞乐。他不肯透露自己的姓名，但说曾了解过飞乐音响公司的底细："飞乐的产品正走红，我吃准了才向它投资，不会吃亏。"

由于拥挤，钱款股票无法交割，只得给个临时收据，容秋后算账。

蜜月火暴过后是平淡，平淡过后是冷淡。美国人发笑了，美国《旧金山考察家》杂志记者法兰辛·布雷维提说："吹嘘得很厉害的上海股票市场实际上是不确切的一个错误名词。很多市民手拿现金来

静安营业部开业
当天（三）

到这里，却是败兴而归，因为出售早已告罄。大约有140家本地企业已发行了股票，然而只有2家企业被中国人民银行批准上市出售。"

当时的情形是，在静安营业厅里有两张长椅，通常都坐不满。凑巧有人想卖点儿股票或国库券玩玩，两人私下谈好价钱，然后到柜台办手续，前后不过10分钟。

这个冷淡延续了很长时间。1986年第四季度，飞乐和延中两只股票成交量总共只有1367股，每日交易维持在30股左右。

但静安挺住了。坚持，是静安的坚持，就是从这里开始，成就了日后足以影响世界的上海证券市场。

第二章

梦想和转折

　　1988年，中国股市迎来一个普通又传奇的人。

　　普通，他是上海平民股票证券职业投资者。

　　传奇，他是中国第一个个人职业投资者，开公民财产收入先河。

　　他，就是杨百万。

　　这一年，还有一批怀揣大梦想的海归人士。

　　他们带着白皮书——《中国证券市场创办与管理的设想》，在中国的股海沿岸登陆。

8

小平送股票

送给美国人小飞乐股票的故事，上海人百说不厌。

1986年11月13日，在北京人民大会堂，中美金融市场研讨会举行。

这批美国大亨中有纽约证券交易所董事长约翰·凡尔霖。会议期间，邓小平会见了凡尔霖。

凡尔霖先生向邓小平赠送了一件礼物，一个精美的小盒子，里面是一枚纽约证券交易所的所徽，凭这枚所徽可以自由出入纽约证交所。这可忙坏了中国人，回送个啥？人民银行官员四处寻找，想送给美国人一张股票。

当时，沈阳、上海、北京、广州、成都、武汉、深圳都有企业发股票或债券。大家都说自己是中国第一股，摆在人民银行官员面前有十几张股票，送哪一张呢？

时任人民银行副行长刘鸿儒回忆说："那么我就要了天桥这个股票，拿来一看它不规范，不像股票，它又有利息又分红，这个违反常识是不可以的，至于说抚顺啊，其他有些地方自发地发了股票更不符合股票的规范要求，因为他们没有这个知识，没见过。后来我就给上海人民银行行长打电话，我说你们选一张规范的股票送来……他们坐飞机专程送过来，飞乐音响，我一看规范，而且这个股票的印刷内容啊，正面、背面都是符合股票要求的。"

凡尔霖没想到在改革开放才6年的社会主义大地上已有了股票，他吃惊地望着这片新中国的"梧桐叶"，同时为自己成为持有新中

　　1986年11月13日，在北京人民大会堂，中美金融市场研讨会举行。一位叫阮江宁的上海记者注意到，会议上美方有20多人发言，中方只有中国人民银行副行长刘鸿儒发了言。6年后刘鸿儒担任了中国证监会首任主席

邓小平会见纽约证券交易所董事长约翰·凡尔霖

　　图中左一为黄贵显，左二为中国人民银行上海市分行行长李祥瑞，右一为约翰·凡尔霖。办完手续，约翰·凡尔霖又问，要多少过户费？李祥瑞说，免了吧。约翰·凡尔霖笑着说："还是你们中国好，不像我们美国，只认钱。不过今后你们买美国股票，要过户，我可不能给你们免费"

国股票的第一位外国人而兴奋，但是他惊讶地发现这张股票上股东的真名实姓不是他，而是时任中国人民银行上海市分行副行长"周芝石"的名字。

"我的股票就要用我的名字，我亲自去上海更名过户。"凡尔霖固执地要求。这是去看看中国股票交易所的最好理由。面对客人的固执和真诚，有关部门终于同意他踏进上海静安寺附近的那间小屋。

就这样凡尔霖一行来到上海，这个世界上最大的证券交易所的董事长要去世界上最小的只有10来个平方米的交易柜台办私事。凡尔霖要警车。上海人说只有国家元首才免费用警车开道。于是，凡尔霖花2000美元雇警车带着夫人和助手去过户一张50元人民币股票。

工作人员看到他都转不开身，忙说："对不起，我们这儿太小了！"凡尔霖说："很好，我们美国人最早买卖股票时都在梧桐树下，连10平方米房子都没有。"

凡尔霖花2000美元兑换一张价值50元人民币的股票，一个赔本的买卖。但后来，他还是大赚了。到1990年12月19日上海证券交易所成立时，经过多年的配送，一股飞乐音响的股票已变成了3183股，50元变成了10万多元，回报率高达2152倍。

这张照片很普通，普通到是一张没有任何艺术性的饭桌合影。可它实在又不普通：世界上最大的证券交易所的董事长与最小的营业部总经理坐在一起。当时的纽交所有股票近千只，静安营业部只有两只股票在交易；纽交所已经开办了200年，静安营业部开业才三年。如果纽交所是个大象，静安营业部就是只蚂蚁，这个体量对比实在是不普通

现在，这枚凡尔霖的原始股已经永久陈列在纽约证券交易所的橱窗内。

这张小飞乐股票代表了接轨：证券市场不是资本主义独有的，中国的市场经济也可以有。

梧桐树协议

1792年，在华尔街的一棵梧桐树下，24位经常在树下交易的股票经纪人，为了维护自己的利益，在梧桐树下开始讨论起有价证券交易的条件和规则，并签署了一份协议，被后人称为"梧桐树协议"。

这是一份被称之为包括一切的简短协议，只表达了三个交易守则的合同：

第一，只与在梧桐树协议上签字的经纪人进行有价证券的交易。

第二，收取不少于交易额0.25%的手续费。

第三，在交易中互惠互利。

于是，这24位在协议上签了字的经纪人组成了一个独立的、享有交易特权的有价证券交易联盟。这就是后来纽约证券交易所的雏形，1792年5月17日这一天也因此而成为了纽约证券交易所的诞生日。从1868年起，想进入交易所只有从当时老成员中买得席位方可取得成员资格。

此后人们为了纪念那个曾经的"交易所"——梧桐树下，于是把股票也称为"梧桐叶"。

华尔街68号前的那颗梧桐树于1865年6月14日在闪电和雷鸣中被狂风夹着暴雨所击倒，然而金融华尔街这一现代金融市场中心的大树却已经根深叶茂，不断发展和壮大。

冰与火 中国股市记忆

9

上海出了个杨百万

在股票市场，杨怀定号称杨百万，他是一个传奇的人物。奇在哪里？他是中国第一个个人职业投资者。在人们还在羡慕"万元户"的年代，杨百万的名声就已经在上海滩叫响了。

1988年春节之前老杨所在的厂里丢了东西，老杨成了警察眼中重点怀疑的对象，后来案子破了，老杨清白了，但老杨同志生气了，辞职不干了。在家里躺了两个礼拜，琢磨该干哪一行。在杨百万回忆中，那两周做的另外一件事情，就是看报纸——他订了市场上所有能买到的报纸，一共73张。

就在这一年的春天，百无聊赖的老杨看到一条消息：从1988年4月21号开始，国家放开了国库券交易。很有商业头脑的老杨感到机会来了。

他琢磨，如何利用这个机会赚钱。用国库券赚钱和普通商品一样，就是低价买进来再高价卖出去。

那时候，1985年期的国库券开盘价104元，利息率15%。站在交易所门口，杨怀定盘算起来：今天带来了2万元，如果2万元全部买下，一年就有3000元利息，而存进银行的利息率是5.4%，全年利息不过1080元。于是，他果断地把2万元都买了国库券。

杨百万买了2万元的国库券，但心里忐忑不安，害怕跌。下午他就迫不及待地跑去交易所看行情，发现涨到112元了，他赶紧卖了，赚的比一年的工资还多。杨怀定的心放宽了些，他天生的商业头脑

1988年4月21日，上海国库券交易市场开市。当时，在上海全市共有8家证券业务点

开始转动了：他突发奇想：如果能把104元的国库券买回来，再以112元的价格卖出去，不就可以赚钱了吗？

杨怀定立即跑到上海图书馆，翻看全国各地的党报，终于查到安徽合肥当日国库券开盘价94元，收盘价98元。杨百万连夜去合肥！火车一个来回，2万元的本钱一下子变成了2.2万多元。跑了几次之后，杨怀定尝到了甜头。之后，他穿梭于山西、福建、河南等地，用蚂蚁搬家的方式把国库券源源不断地搬到上海。

杨怀定每一个往返所赚的钱也越来越多，每次到家，就是和老婆头对着头数钱。"那时候只有10元面值的人民币，那时候没有点钞机，我们哗啦哗啦地数钱，真的数到手抽筋，而且神经高度刺激。当时我吃4颗安眠药，晚上也只能睡两个小

20世纪90年代初，"杨百万"已经是名声在外了。每天，杨怀定都要把几十张证券和十几种股票的变动信息绘制成图表，以此分析股市走向。当时，上海证券交易所每天80多万元的成交量中，有四分之一来自杨怀定

时。钱的力量太大了！"杨怀定回忆说："我这个国库券从1988年4月21日，一直倒到1989年的6月，赚了100多万。"

全国各地买卖国库券的人越来越多，当年的报纸登了一篇文章，题目就叫"倒爷盯上国库券"，就这个题目都让老杨胆战心惊的了。

老杨说，从1988年到1993年，是最兴奋的5年，但同时也是最痛苦的5年。第一次看到那么多钱，但没有社会地位，思想上也很彷徨，每天都担心自己被列入"投机倒把"的黑名单，担心自己的活

赚了大钱的杨百万成了受人追捧的偶像。人群簇拥之下，杨百万是笑容满面，西装领带，一头卷发，手夹香烟，意得志满

儿干不长久。

在身价超过百万半年之后，杨百万便声名在外了，因为上海证券交易所每天80万的成交量中，有四分之一来自杨怀定。

成名之后的杨百万做了其他"倒爷"眼中的几件"傻事"。

"我先去了税务局，那天正好局长接待日，我说，我是小平说的先富起来的人，我要交税。"报上"杨怀定"的名字，局长惊叹：你就是杨怀定啊，我们早就注意你了。但是国库券的税是免掉的，从事国库券交易也不用交税。

他又跑到人民银行，要求接受党和国家的教育。买卖国库券到底合法不合法？接待的同志并没有给明确的答复，而是反问杨百万"你觉得呢？"杨百万随即拿出事先准备好的《金融时报》，指出在开放国债市场首日，人民银行总行发出的"欢迎公民随时买进随时卖出"的鼓励。"我是公民，我做的事情就是随时买进，随时卖出，那就应该是'合法的'。"

成名后的杨百万在接受完外国记者的采访后，与其合影

而为了确保自己之后的买卖有理有据，他干脆跑到公安局，以每月600元的工资主动请公安做监督，心想哪怕今后真有什么状况，也能说是在人民公安的监督下所做的事情，总不至于给太严重的处分。

　　这几件"傻事"，却是杨百万引以为豪的。"我的战略步骤把人震撼了。"

　　到1991年，做差价的人多了，国库券的差价也就消失了，此后的杨百万已经离不开逐渐形成规模的证券市场，他开始炒过股权认购证，也就是炒中签，等这些特定的历史机会都消失了，杨百万开始炒股票，那个时候他的资金已经不止100万了。

　　90年代的时候，很多人都是偷偷摸摸地炒股，或者请个假从单位溜出来到股票营业部去看一眼行情，而杨百万当时却有一张名片，上面写着：

　　上海平民股票证券职业投资者　杨怀定

　　　　现在，股市中亿万、千万富翁如雨后春笋，每天哗哗地往出长，压都压不住，但谁也不如杨百万牛，因为，他靠股市挣到100万的时候，别人还在苦苦挣那几十块钱的工资。如今的杨百万已经不是股市中最有钱的人，但他依然很牛，媒体想要采访他已经不是很容易。因为，股市中有钱人很多，但杨百万只有一个。2010年6月6日，杨怀定在接受中央电视台记者采访时说：他给孙子起名叫杨线（阳线），小名涨停板。杨百万还是那个杨百万

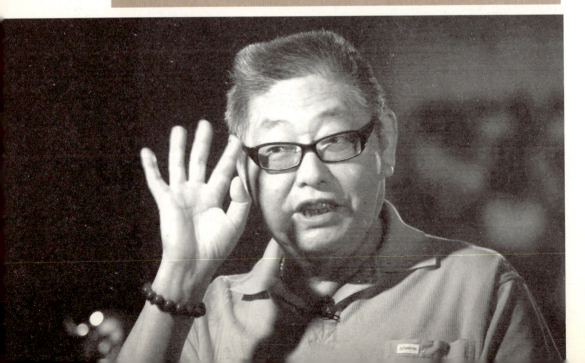

按现在的话说，杨百万赚的是买卖证券的投机差价，是一种很普通的买卖证券的投资方式，但在那个年代，这无疑是一种质朴而天才的商业头脑。

今天，大家说要让公民有财产性收入，就是讲杨百万的故事。

国库券

中国从1981年1月恢复国债发行，正式的名称是"中华人民共和国国库券"，是一种实物券，发行对象为国有企业。第二年，开始发行首套面向社会公众的国库券。

10

海归的梦想

有3股力量促成了中国证券市场的建立：一是各地方政府的需求和探索，二是学者官员的促进，三就是海外学人的呼吁。

当国内许多有识之士酝酿建立证券交易所时，在海外也有一批学子心情激动，要在北京建立交易所。

当时旅美的中国留学生有三大会：经济学会、科技学会再就是中国旅美商学会，简称CBA。CBA里主要是学商学生，大家时常聚集在一起议论中国时局，改革、发展，热情很高。国内来了人，也往一块儿凑，大家能记起来的就有王岐山、周小川等诸路好汉。

1988年9月，两个在美国的中国留学生相约回北京建立中国的证券交易所。这两个人一个是高西庆，后来任中国证监会副主席，中投集团总裁。另一个是王波明，后来的中国证券交易所研究设计联合办公室总干事。

据说这两人当年在美联储办公大楼下面有一个约定，回国干五年，干不成高西庆到东边去修自行车，王波明到西边去卖包子。回到北京之后两人还真没闲着，开会、搞培训，向上提建议，忙得是不亦乐乎。

其中有两个非常重要的会议值得我们说一说，一个是1988年7月9号，在北京万寿宾馆召开的证券市场座谈会；另外一个会议呢，是这一年的11月9号，在国务院第三会议室中央有关领导听取汇报着手推动建立中国的证券市场。

　　这张照片上的人可以称作是俊男靓女，而且男是才俊，女是才女。洋装虽然穿在身，他们的心是中国的。其中有两个人后来大名鼎鼎，一个是高西庆，另一个是王波明。这二人最终回国，为创办中国的证券市场上下求索，终成正果。如果不是他们，股市之于中国人，也许还要再等若干年。这让我们想起清末时候的"留美学童"。一代代放洋学子，为中国开启文明留下了清晰的脚印

万寿宾馆会议有一个非常重要的成果，就在这一年的10月与会者们草拟了一份《中国证券市场创办与管理的设想》，他们称之为"白皮书"。

在这本白皮书当中，他们提出了建立北京证券交易所的设想和可行性报告，并且就证券管理办法和建立国家证券管理委员会，提出了他们的建议，

要研究建立证券市场，

万寿宾馆会议最重要的成果，就是《中国证券市场创办与管理的设想》，人称中国证券市场"白皮书"

总得要有个机构。当时，中央财经领导小组秘书长张劲夫给了个说法：民间发起，政府支持。

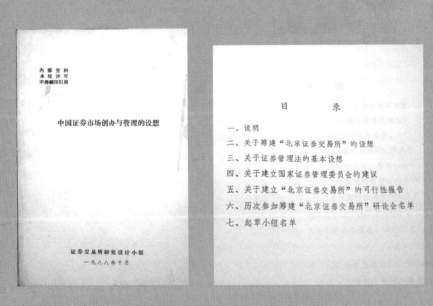

内部资料
未经许可
不得翻印引用

中国证券市场创办与管理的设想

证券交易所研究设计小组
一九八八年十月

目　　录

一、说明
二、关于筹建"北京证券交易所"的设想
三、关于证券管理法的基本设想
四、关于建立国家证券管理委员会的建议
五、关于建立"北京证券交易所"的可行性报告
六、历次参加筹建"北京证券交易所"研讨会名单
七、起草小组名单

"白皮书"提出了建立北京证券交易所的设想和可行性报告，并且就证券管理办法和建立国家证券管理委员会，提出了建议

　　这张照片是1989年3月15日，联办（当时的全称是证券交易所研究设计联合办公室，简称联办）成立时的一张合影，在这里我们可以看到很多熟悉的面孔，像王岐山（二排左七）、周小川（前排右二）等人。联办虽说是个"民间机构"，但却是藏龙卧虎之地，由一帮精通资本市场的海归人士打理，他们在很多重要场合都有话语权，影响高层的决策决心，正是联办的推动才使中国证券市场得以在计划经济的体制下孵化出来

最终有9家公司各出资50万元，1989年3月15日，证券交易所研究设计联合办公室成立，简称联办。中国人民银行综合计划司司长宫著铭担任了首席总干事。

　　这张照片就是联办成立时的一张合影，在这里我们可以看到很多熟悉的面孔，像王岐山、周小川等人。联办虽说是个"民间机构"，可由于是藏龙卧虎之地，是一帮精通证券的海归人士在打理，并非人微言轻，他们在很多重要场合都有话语权，影响高层的决策决心，正是联办的推动才使中国证券市场得以在计划体制下孵化出来。

　　虽然建立北京证券交易所的想法最终没有实现，但是白皮书当中的很多设想今天已经成为了现实。

第三章

一波三折的诞生

　　1990年，在梦想以外的现实中，中国股市历经最为阵痛的两个小时。

　　就是这两个小时，保住了初生的股票市场。

　　中国的股市终于拉开序幕，一个个演员竞相登台，是他们充实着股市记忆，演绎了这20年曲折前进之路。

　　第一幕：深交所开业；

　　第二幕：上证所开业；

　　第三幕：老八股和老五股的出现；

　　第四幕：第一单……

　　第五幕：……

11

飞机上的两小时

1990年的时候，有一件大事。那就是9月在北京召开的第十一届亚洲运动会，那个时候的北京非常热闹，但是你问上海人和深圳人什么事最热闹，那可能还不是亚运会，而是当时的股市。当时，上海和深圳的证券公司门前经常是人山人海。

1990年，全国股民开始向深圳涌来。从3月份开始，证券公司门外简直是人山人海，把交通都阻断了。股票买卖不分昼夜地

进行着。

1990年5月，《人民日报》驻深圳的一个记者，写了一篇内参，有这么些描述，说连市政府的这些公务员都人心思股、人走楼空。办公楼都空了，干啥去了？炒股票去了，然后是一夜暴富，成了几万、十几万、几十万的暴发户。

1990年，全国股民开始向深圳涌来。从3月份开始，证券公司门外简直是人山人海，把交通都阻断了。股票买卖不分昼夜地进行着

在同一年，上海的江湾体育馆，因抢购认股权证发生了踩踏事件。

上海和深圳股票交易市场的这种过热现象引起了高层的注意。

就在这敏感的当口，一封发自深圳、没有署名的群众来信，在高层传阅。信中认为，股票市场是资本主义的东西，关得越早越好，再发展下去要造成严重的社会问题，不知道要有多少人跳楼了。

20年前的时候，凡是碰着新鲜事大家都会问：你是姓资还是姓社？这个问题也问到了原本就非常敏感的股市头上。

就在这个时候，1990年11月深圳和珠海特区迎来了十周年的庆典。在珠海的庆典仪式上，当时的中共中央总书记江泽民找到时任中国人民银行副行长的刘鸿儒，说回北京的飞机上要讨论股市的事。

刘鸿儒回忆道：

"他提了许多问题，他曾经问，股票市场里的钱是从哪里来的？我就根据当时的情况回答，现在95％都是散户的钱，是老百姓掏钱买的股票，这并没有影响所有制，因为60％的股份仍属国家和集体单位。他还问我，股价是怎么形成的？为什么这么高？我说，

飞机上的两小时
在珠海的庆典仪式上

1990年11月深圳和珠海特区迎来了十周年的庆典。在珠海的庆典仪式上,当时的中共中央总书记江泽民找到时任中国人民银行副行长的刘鸿儒,说回北京的飞机上要讨论股市的事

江泽民问，刘鸿儒答，两个小时间，未来中国资本市场的命运就这样在一起一伏的云层间确定了

这与当时的市场供求有关，主要是 5 只股票量太小，购买股票的钱过多。他又问干部、共产党员买股票怎么办，该怎么监管、规范等一系列问题。临下飞机的时候，我说，无论如何，股票市场的试点还是应该继续试下去。请相信我们这些老共产党员不会随便去搞私有制，我们会有办法探索一条适合中国国情的社会主义的资本市场发展道路。"

就这样，专机从广州到北京，江泽民问，刘鸿儒答，两个小时间，未来中国股市的命运就这样在一起一伏的云层间确定了。

12

深交所冷清的试营业

1990年，深圳自发的股票交易市场已经是如火如荼了。深发展股价一度从交易柜台上的16元炒到了黑市上的120元。这么高的风险如果没有交易所如何化解？

深圳证券交易所想营业的申请早就递上去了，牌匾都做好了但就是开不了业，迟迟得不到批复，而筹办起步较晚的上证所已获得批复了，深圳很着急：难道深交所试点要被取消吗？

怎么办？深圳有没有去闯、去试的底气？

在左等右等还是等不到上级批准的情况下，时任深圳市领导果断拍板：先开始试营业，手续由市里申请补办。

1990年12月1日，深交所试营业，成为改革开放后我国第一家开门营业的证券交易所。

深交所试开业。这本应是一个令人兴奋的时候，但当天却有这么一个小插曲：

9点钟到了。按常规，钟声响过之后，会是一阵激烈的争抢价格，以争得客户。但这第一天试开业的深圳股市，却一反常态，钟声已响过好长时间，交易所冷冷清清，居然没有委托电话打入。

此时，国际基金部一位经理突然来到交易所。他拉上交易所负责人到一个角落："我告诉你们，老三家（原深圳三家证券公司）昨天密谋串通好了，今天准备给你们来个空市，让你们一笔也成交

没有鲜花，没有富丽堂皇的大厅，背景上的推拉门，铜铃大小的钟，看得出这个试营业仪式非常简朴低调。说来也是，深交所最终获准开业是7个月后的1991年7月3日。"先生孩子后领证"当然不能太张扬，但敲钟人雀跃的姿态，灿烂的笑容，又掩饰不住敢为天下先的特区人的兴奋与骄傲

深圳市人民政府办公厅文件

深府办[1989]996号

关于同意成立深圳证券交易所的批复

深圳市资本市场领导小组：

来文收悉。经研究，同意成立深圳证券交易所，现就有关问题批复如下：

1. 深圳证券交易所的宗旨是发展和完善深圳金融市场，为深化企业体制改革创造市场条件，引导社会资金流向，优化经济结构，保障投资者合法权益，维护社会公共利益，促进深圳经济发展。

2. 深圳证券交易所是在深圳合法注册，实行独立核算、自负盈亏的股份有限公司。深圳证券交易所具有

企业法人地位，采取会员制组织形式，并非以营利为目的。证券交易所的章程、业务规程的制订及变更事项，须报市人民政府证券交易管理部门批准。

3. 深圳证券交易所采取私募方式设立，其股份只限于该所认定的在深圳注册登记并从事证券业务的合法企业法人认购。

4. 深圳证券交易所注册资本暂定为人民币1000万元。

5. 深圳证券交易所是深圳市有价证券（股票、债券等）集中买卖的唯一合法场所，只限于买卖有价证券的现货和期货以及与各种证券交易，包括产权股权转让、期货、期权合约、大额存款证券交易等有关的业务。深圳的证券交易所必须通过深圳证券交易所进行；凡在深圳证券交易所上市的证券以及在该所从事证券交易的经纪、经纪代表等，均须遵守该所的章程、规则等。

6. 证券交易所暂定员15人。随着事业的发展，人员可适当增加。

7. 用于交易所作业的微电脑、程控交换机、空调机等设备，可根据实际需要，向市有关部门申报购置。

请通知市有关部门办理相应手续。

— 1 —

（此页无正文）

一九八九年十一月二十五日

主题词：证券 机构 批复

抄送：市计划局、经贸局、工商局、人事局、财政局、劳动局、公安局，市人行、中行、工商行、建行、农行、发展银行，投资管理公司。

一九八九年十一月二十五日印发

（共30份）

深圳市政府同意成立深圳证券交易所的批复

试营业期间的深交所营业大厅

宽敞的大厅被鲜花和掌声包裹，中国金融界的领导前来捧场，深交
所诞生的正日子终于来临

不了，开市就是零。不过你们放心，我会让我们的出市代表做几笔的，绝不能让第一天开业就空市。"

这一天，只有国际基金部在交易所做了5笔。

开业当天的情形后人少有叙述。有两点值得记述。

其一，深交所铜牌上的红布没有开启。

其二，当时参加仪式的最高领导是深圳市政府下属的资本市场领导小组的一位副组长。

1991年7月3号深交所最终获准开业。但那个时候已经是整整七个月过去了，后来大家常开玩笑地说深交所的成立是"先生孩子后领证"。

13

上证所开业

　　1990年的4月18号，上海浦东开发办公室正式成立，这是我国改革开放进程当中一个很重要的事。

　　两个月之后，时任中共上海市委书记的朱镕基，在海外访问的时候宣布：上海证券交易所将于年内开业。

　　他的这一宣布不但令海外舆论界大感惊奇，同样也让国内那些筹办交易所的人感到措手不及。由于原来没有计划说在1990

上海证券交易所成立大会上的尉文渊，时年35岁

年就成立这个交易所，所以这样一来大家一下子忙碌起来。

　　时任中国人民银行上海分行金管处副处长的尉文渊主动请缨，他向领导立下军令状——保证上证所年内开业。当时，大家都替他捏把汗——即使是搬个家，新房子装修也还得花上几个月的时间，而这可是举世瞩目的新中国第一个证券交易所。

对尉文渊和他的手下而言，当时最大的难题是知识和资料缺乏，筹办证券交易所几乎全凭想象。尽管一开始对证券市场并不了解，但尉文渊很快就掌握许多证券方面的知识，并开始有了清晰的想法。当时，喝过洋墨水、见识过资本主义的几位骨干都主张保留一部分场内报价、手工促成成交系统。而从没出过国门的尉文渊坚决主张上"无纸化"电子交易系统。

于是从开业第一笔交易起，上证所就跨入了无纸化的电子交易时代，这对中国证券市场的发展产生了深远影响。

1990年12月19号，离年底只差十几天的时候，上海证券交易所终于开业。当时上海市的主要领导和中央主管部门的领导是悉数到场，可以说那一天是中国证券史上大放光彩的一天。

由于时间仓促，上证所成立的时候自己的新大楼还没建好，它是租用了上海浦江饭店的孔雀厅来做交易大厅。

当时上海证券交易所的英文名称是Shanghai Securities Exchange，同样是股票交易所，美国的交易所把股票称作stock，而上海交易所偏偏把股票叫securities，而在英文中，"securities"泛指有价证券，对此很多外国人存有疑问。

其实，在那个时代，股票是个容易招惹麻烦的词，上海主要是怕用"stock"（股票）一词在上报审批时会引来麻烦。

上海证券交易所就是在那样的时代，那样的氛围之中成立的。

尽管敏感，但股票还是交易所的主角。从那一天的8只股票交易开始，中国资本市场的大门正式打开了。

那一天开始进行交易的8只股票是：延中实业、真空电子、申华实业、爱使股份、小飞乐、大飞乐、豫园商城和浙江凤凰。那一天的上证指数收盘点位是99.98点，一个吉利的数字。

上证所和深交所的正式营业标志着已经开展了4年的股票柜台交易进入了另一个全新的交易所时代。

1990年是中国股市诞生的正日子。

　　1990年12月19日，时任中共上海市委书记的朱镕基和中央主管部门的领导出席上海证券交易所开业庆典（前排左起：汪道涵、香港贸发局主席邓莲如女士、朱镕基、黄菊、刘鸿儒。后排左二周道炯）

位于浦江饭店的上海证券交易所

由于时间仓促，上海证券交易所成立的时候，自己的新大楼还没建好，它租用了上海浦江饭店的孔雀厅来做交易大厅

1990年12月24日，上海证券交易所开业的第六天，交易员们在电子大屏幕下交谈

14

老八股和老五股

　　1990年12月，上证所、深交所成立营业。以深发展、万科为首的深交所"老五股"和以飞乐音响为首的上证所"老八股"登陆中国证券市场。当时两家交易所的全部股票拢共就这么13只。

　　历史和未来都是出人意料的。现在如果有大型国企上市，一定是各部门一路绿灯。而上海的老八股却都是小型企业，甚至是街道企业。

　　飞乐音响、延中实业和爱使股份作为老八股中最早成立的3家公司，都带有明显的街道企业色彩。"小飞乐"1984年发售股票时，是个多大的企业？只有50人。申华实业则是典型的乡镇企业。

　　大型国企为什么不来？怕政策风险。而且那个时候，完成股份制改造的国有企业微乎其微。

　　老八股里面最值得一说的是飞乐音响和飞乐股份，也就是小飞乐。"大飞乐"的总经理也是"小飞乐"的董事长，其"父子"关系不言而喻。

　　"老八股"带给人们的是幸福的回忆。几年前有报纸曾登过一篇文章说，"凡买过老八股的股民，若持股到现在，少则百倍、多则千倍收益，这决不是夸张，笔者手头就有几个现成的例子。笔者的一位好友，1991年买电真空时不小心将100股打成1000股，当时也没有什么'资金不足拒绝成交'之类的设置，1000股真空说买就买

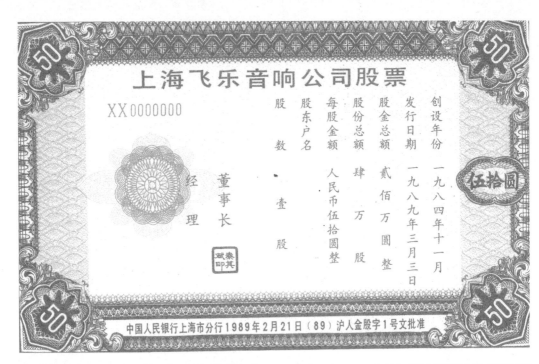

上海飞乐音响公司股票

XX0000000

经理

董事长

贰其印

股数　　　壹股

股东户名

每股金额　人民币伍拾圆整

股份总额　肆万股

股金总额　贰佰万圆整

发行日期　一九八九年三月三日

创设年份　一九八四年十一月

伍拾圆

中国人民银行上海市分行1989年2月21日（89）沪人金股字1号文批准

上海飛樂股份有限公司股票

SHANGHAI PEILO COMPANY LTD. SHARE

中国人民银行上海市分行1987年8月31日（87）沪人金股字第30号文批准

股份总额贰拾伍万股　每股金额人民币壹佰圆整

本股票壹佰股计人民币壹万圆整

股票期限　不限期　分配方式　望种　发行日期　1987年9月8日

董事长　尹孜林

副董事长
兼总经理　秦其斌

飛樂
FEI LO

股东

股票号码
XX0000000

10000

壹萬圓

上海真空电子器件股份有限公司股票

中国人民银行上海市分行　　（87）沪人金股第25号文批准

股份总额贰百万股　　每股金额人民币壹佰元整　　股票号码 XX0000000

股东

本股票壹股计人民币壹佰元整

股票期限　不限期　　发行日期　1987年1月24日

董事长　　薛文海

副董事长　　李思源

　　　　　　苏珠琪

壹股

100

上海申华电工联合公司股票

中国人民银行上海市分行 1987年1月9日（87）沪人金股字第26号文批准发行

股份总额壹万股　　　　每股金额人民币 壹佰元整

股东

本股票股数壹股计人民币 壹佰元整

股票期限　　不限期

董事长　　瞿建国　　　股票号码 XX0000000

副董事长　　　　　　　发行日期 1987年3月20日

　　　　　　诸国明

100

深圳发展银行
SHENZHEN DEVELOPMENT BANK LTD

股數 28
NO. OF SHARES

128

股票號碼：
CERTIFICATE NO.

006574

股　票
SHARE CERTIFICATE

（中國深圳注册） (INCORPORATED UNDER RELEVANT CHINESE LAWS, SHENZHEN, CHINA)

兹　　　　證　　　　明

下列人士已遵照本公司章程持有下列股份，每股人民幣壹元整，經如數收足，特發給此股票作據。

THIS IS TO CERTIFY THAT THE UNDERMENTIONED PERSON IS THE REGISTERED HOLDER OF FULLY PAID ORDINARY SHARES OF RENMINBI ONE YUEN EACH AS DETAILED BELOW IN THE CAPITAL OF THIS COMPANY SUBJECT TO THE MEMORANDUM AND ARTICLES OF ASSOCIATION OF THE COMPANY.

編　號 FOLIO NO.	股　東 SHAREHOLDER	股　數 NUMBER OF SHARES	日　期 DAY-MON-YR
06026		*128*	13/4/1990

此股票於上述日期由本公司加蓋印章發給 GIVEN UNDER THE COMMON SEAL OF THE COMPANY ON THE DATE STATED ABOVE

董事　　　　　　　　　董事
(DIRECTOR)　　　　　　(DIRECTOR)

（公司印章）
(SEAL OF THE COMPANY)

法定地址：深圳市蔡屋圍新十坊一號
LAWFUL ADD: No.1 Xinshi Fang Caiwuwei Shenzhen

戶口時必須連同此股票交來以憑辦理
股份登記處，深圳經濟特區證券公司　地址：中國深圳市紅嶺路園嶺十八棟

NO TRANSFER OF THE ABOVE SHARES CAN BE REGISTERED UNLESS ACCOMPANIED BY THIS SHARE CERTIFICATE

REGISTRARS: SHENZHEN SPECIAL ECONOMIC ZONE SECURITIES CO.LTD.

ADD: BUILDING 18 YUAN LING, HONG LI ROAD, SHENZHEN, CHINA

非标准

旧版

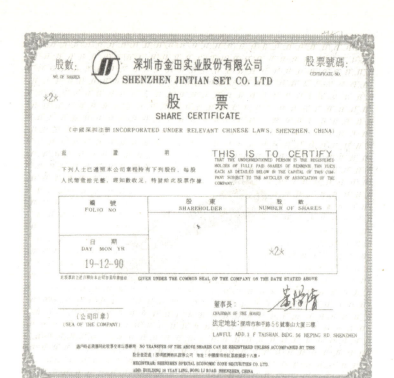

进了，资金亏空一大截，把她吓得冷汗直流，谁知第二天恰逢真空拆细，股价顿时大涨（当时也没有什么涨跌停板），她一下子赚了好几万，对工资只有几十元的工薪阶层来说，几万元是怎样的一个天文数字啊，就此给她的家庭和事业发展打下了基础。申华董事长瞿建国，成为上市公司中第一个亿万富翁老总，则是有白纸黑字可查的，瞿建国的原始资本也就100股申华（拆细后变为1万股），因董监事持股必须锁定使他发了大财"。

除了上海老八股，还有深圳的老五股。深发展、深万科、深安达、深金田和深原野。

那个时候因为股票数量少，所以每一只股票都是热门股。比如上海的豫园商城，这家公司的股票曾经创过一个至今没有打破的记录，就是单股成交价超过1万元。

当时这13家公司加一块儿的总市值也不如现在的一只小股票，但是就是这13家公司构成了中国资本军团的13太保，它们是真正的星星之火。

20年来，这13太保中，深发展和深万科业绩最为引人注目。深发展和深万科一直是深圳股市的龙头和脊梁，深圳股市每一次的大涨大跌无不和这两家公司紧紧联系在一起。

当然，大浪淘沙，老五股中也有被历史列车甩下的公司。例如，深原野。

"春种一颗粟，秋收万担粮"，多么打动人的话语啊，这是当年深圳原野公司打出的招股广告，也开了中国上市公司路演之先河。深原野大张旗鼓做广告招股让当时的中国股民大开眼界，股民第一次认识到股票也是一种商品，而不仅仅是向国库券一样支持国家建设。几年之后，因为实际控制人转移资金、掏空上市公司，原野公司在犯下滔天大案后成为中国股市最早出局的玩家。

1992年7月7日，深原野停牌，后经过一年多的整顿，1993年在深圳市政府的主导下重组更名为"世纪星源"。

在所有的13家上市公司当中，只有深万科20年当中没有更换过董事长，它的签名在20年前就是大名鼎鼎的王石。

15

冰与火 中国股市记忆

1990年12月19日，伴随着上证所第一任总经理尉文渊敲响中国股市第一锣，交易大厅里25家机构的"红马甲"们，就像听到百米短跑的发令枪一样，神速争抢第一单。

锣声响过57秒后，有人高喊，"成交了!"16号申银证券席位买入50手电真空股票，卖出方为海通证券，成交价格365.70元，当时该股票面值是100元。

现在的郭纯身穿当年的"红马甲"

上证所股票交易第一单花落申银证券，并且，申银证券成交额也夺得首日第一。

获得这两个第一的操盘手就是今天的申银万国（香港）公司执行董事及申银万国国际业务总部总经理郭纯。当时，郭纯被记者围住，成为那一时刻最风光的"红马甲"。

在我国股票市场建立初期，交易所会员单位也就是证券公司，都要买交易席位，派驻场内交易员，由证券公司当地职员把电话打到交易大厅现场交易员那里，由交易员按指令完成

开业一年后的上海证券交易所交易大厅

交易。按规定，场内交易员统一穿件红马甲，于是，"红马甲"就成了场内交易员约定成俗的代称。

红马甲的工作就是接受委托，实时交易，位置不高但非常重要。那个时候，一般的机关干部每个月才拿三四百块钱，但红马甲的工资早就上万了。拿这么高的工资，工作起来当然非常紧张，该抢单的时候一定要抢得上去，和我们看的西部枪战片的枪手差不多，一边接电话一边向电脑里面输数字，看谁的脑子快，谁的手法快。

此后，券商营业部在全国各地设立，每家营业部都在交易所买席位，派驻"红马甲"，交易席位每个曾炒到60万元，有些营业部甚至买几个席位。一两千"红马甲"把上证所染成一片红色。他们成了财富的象征，是当时最耀眼的流行色。

1992年的深圳证券交易所交易大厅

1997年，上证所推出"无形席位"，证券交易进入电脑撮合的无纸化时代，"红马甲"基本完成历史使命

1997年，上证所推出"无形席位"，证券交易进入电脑撮合的无纸化时代。"红马甲"基本完成使命，从一线先锋部队变成应对交易突发事件的后备队。现在的"红马甲"已经黯淡无光了，但他们是中国证券市场历史上永远抹不掉的一道风景。

第 四 章

狂 热 与 约 束

　　1992年，"中国的'股疯'时刻"到来了。

　　90年代中期，随着中国经济宏观调控实现软着陆，新一轮经济增长趋势日见明显，以央行连续大幅降息为燃点，引燃了中国股市又一轮大牛市。

　　零交易，放开涨停板，再到文化广场全民炒股。

　　由于当时的市场规范根本无从谈起，所以也可以说那个时候的股市就是一片原野。

　　"8·10"事件后，10月26日，中国证监会火速登场。

股市零交易

1990年的时候《冬天里的一把火》唱遍了大江南北，以至于有人甚至开玩笑说，后来的大兴安岭森林大火就是唱这个歌唱的。而在上海和深圳，1990年真正火暴的，是股市。

中国股市的第一波牛市狂潮由深发展引爆。

1989年年初，深发展派息分红，1989年年中，深发展又推出年中分红，两股送一股，股价在除权后，很快就又回到了35元以上。

随后股市全面飙升，深发展半年之内涨了900%左右；万科涨了476%；金田涨了237%；安达上涨了433%；原野涨了300%。

1988年发行的深发展股票，面值1000元，每股面值20元

1990年，深圳股民排着长长的队伍认购股票

巨大的财富效应举国关注，全国股民开始向深圳涌来，从1990年3月份开始，证券公司门外简直是人山人海，把交通都阻断了。股票买卖不分昼夜地进行着。深圳市大量企事业人员已无心上班，全面投入股市。

牛市引发了高层的担忧。刘鸿儒对此轮牛市曾撰文做过这样的回忆：

1990年5月，深圳市股票市场突然出现了"股票热"，引起了全社会的关注。当时深圳有3个证券交易窗口，即深圳经济特区证券公司、中国银行证券营业部、深圳市国际信托投资公司证券营业部，进入交易的股票不过5家企业，其中较大的是深发展。1990年春，股票价格突然猛涨，导火索是因为深圳发展银行送股较多，分红较高；深层次原因则是深圳靠近香港，当地人对股市了解、接受得比较快。深圳市场国债买卖向来不够兴旺，股票却很兴旺，也与此相关。

当时，深圳股市突然连续翻番上涨，引起了震动，深圳人买，外地人也去买，一下子形成热潮。当时3个窗口网点门外马路边都是人。在炒买炒卖股票高潮的6月，每天约有2000多人站在证券公司门前围观或私下交易。因为没有交易所，没有电脑设备，转户也比较慢，所以围观的人非常多，可以说一夜间出现了拥有几十万元上百万元身价的富翁。

于是，中央派出了调查组。深市受到调控。

当时打压的措施非常具体：5月份设定涨跌停板为10%。6月份深圳发改委宣布：停发新股，这要放在现在就是重大利好。6月18号宣布涨跌停板为1%。6月26号又改了：涨停板为1%、跌停板是5%。7月份印花税提高到6%。10月份禁止处级以上党政干部买卖股票。随后一个多月，深圳党政机关干部为响应"红头文件"，开始清仓抛售。所以那个时候，深圳的处长都羡慕科长，历史真的很有趣。

这样，通过三方面调控，市场终于低头。从12月8日开始掉头向下，随后出现长达9个月的恐慌下跌。9个月中，深市总市值抹去七八个亿，市值只剩35个亿，一片恐慌。

到了1991年的4月22日，出现了一个极端的情况，当天深交所成交量为"零"，全天没有一个买单，从而创出一项空前绝后的纪录。"零交易"显然是市场信心坍塌的标志。

7月10日，深交所开会救市，此后的8月19号、21号、23号、25号、9月2号深交所是一口气开了5次救市会议，最终达成一致，请求深圳市政府直接出钱救市。

9月7日起，深圳市政府筹集资金2亿元，开始绝密救市，目标就是深发展。9月7日深发展被托到13.85元。9月12日爬上14.5元，并从此到9月29日一直坐在高高的土坡上。到10月上旬，深圳股市全面冲出谷底。而那时，2亿元还没用完呢。

关于这两个亿，还有这么一个线索。当时深发展出一个亿，另外一个亿来自于另外一家国企，这家国企的老总和他的财务处长在绝密的情况下拿了一个亿，偷偷地买深发展的股票，而且如果救市不成，要他们自己承担责任，砸进去4000万的时候，深发展

1990年
5月 29 星期二
农历：庚午年五月初大
芒种：农历五月十四

取缔场外非法交易 加强证券市场管理

深圳市人民政府昨天公布通告

【本报讯】深圳市人民政府昨天公布《关于加强证券市场管理，取缔场外非法交易》的通告，全文如下：

随着改革开放的深入发展，我市证券市场日益活跃，对搞活经济、筹集资金发挥了积极的作用。为了加强对我市金融市场的管理，维护证券市场的正常秩序，保护投资者的合法权益，特作如下通告：

一、凡是证券买卖、登记过户、派发红利股息须凭居民身份证或有效法人证明文件，通过经中国人民银行批准的证券交易机构进行。

二、未经证券交易机构买卖的证券，证券交易机构不予办理登记过户和派发红利股息等手续。

三、深圳经济特区证券公司、证券公司人民北路营业部、中国银行深圳国际信托咨询公司证券部、市国际信托投资公司证券部及经中国人民保险行深圳分行批准的其它证券经营单位为合法的交易机构，一切有价证券的买卖必须在交易机构内挂牌进行。

四、坚决取缔证券场外非法交易活动，凡证券场外非法交易者，一经查实，由市工商行政管理部门，视情节分别给予（1）警告教育，（2）按中国人民银行深圳分行提供的前一天的收市价，科以50%以下的罚款，（3）没收有价证券。

五、凡属屡教不改、扰乱社会治安、抗拒管理者，由公安机关按《中华人民共和国治安管理处罚条例》处罚。凡触犯刑律者，移送司法部门依法处理。

六、本通告由公布之日起执行。

一分钱都没涨，那个财务处长抓着老总的手说："我们两个都要去蹲监狱了"。一直到砸进去8000万，深发展才有所起色。这段故事，到现在都没有披露出来，那位老总、那位财务处长和当时市场的其他参与者，一样都是历史长河当中的无名英雄。

1990年5月至10月间，深圳市政府采取多项措施调控股市热度

似乎是一种刻意的安排。图中阶梯状的大楼是深圳发展银行总部大厦，在它的后面，海蓝色的建筑就是深圳证券交易所。这组建筑组合就像在大海上扬起的风帆一样。深发展当然对得起它的股票代码：0001，成为当年的深市"一哥"。深发展扬帆，深交所远航

17

涨停板放开了

1992年开始上映的一部电影叫《股疯》，那一年每一个人都为股票发疯，现在时间已经过去了快二十年，可能有人会问1992年的股市是这样的吗？

上海和深圳两个证券交易所开创之初，所有股票都戴着一顶"最高涨幅"的帽子，也就是涨停板制度。1992年5月21号，上海证券交易所放开了涨跌停板，也就是随便涨。随后一段时间被称为"中国的'股疯'时刻"。

究竟有多疯呢？放开涨跌停板当天，上证指数一个小时就从842点涨到了1365点。当天股票涨成什么样？举一个例子，"电真空"（600602），它当天的最高价是2644元，最低价是1942元，中间相差了700元钱，上证所当天股票交易额达到3.6亿元，创下历史最高纪录。是不是比电影还疯？

电影《股疯》海报

当时的市场里面买卖股票实施的是T+0制度，就是无须交割，

当年的电子化交易手段能够直接带给股民的只是滚动行情、网上交易、手机炒股还是10年后的事情，当年所能利用的最先进的通讯工具就是寻呼机了。不起眼的寻呼机成为那个时代股民的新宠，专注的眼神、认真、折射出当年股民的牵肠挂肚。看来买卖什么物件都没有买卖股票这么令人纠结

涨跌停板放开，从1992年5月21号开始一直到1996年的12月

你买了股票就可以卖掉，刚刚卖掉股票，就可以拿钱又去买股票。所以我们就能够理解为什么当时的营业部里面有那么多人，非常关注地盯着股票行情，因为它的波动实在是太大了。T+0制度再加上放开涨跌停板，给这个市场插上了翅膀，赚钱的大有人在。

90年代中期，随着中国经济宏观调控实现软着陆，新一轮经济增长趋势日见明显，以央行连续大幅降息为燃点，引燃了中国股市又一轮大牛市。但不久，被视为"疯牛"。1996年下半年，管理层连续发出"12道金牌"，勒令"疯牛"放慢脚步。12月13日，中国证监会发布实施"涨跌停板"令，放开的"涨停板"从此又关闭了。

从那一天开始，涨跌停板又回到了股市，经过四年多的时间又从终点回到了起点。

涨停板制度

涨停板制度又称每日价格最大波动限制，是指期货合约在一个交易日的交易价格不得高于或低于规定的涨跌幅度，超过的报价视为无效，不能成交。涨停板以合约上一交易日的结算价为基准确定。

T+0制度

T+0，是一种证券（或期货）交易制度。凡在证券（或期货）成交当天办理好证券（或期货）和价款清算交割手续的交易制度，就称为T＋0交易。通俗说，就是当天买入的证券（或期货）在当天就可以卖出。T＋0交易曾在我国证券市场实行过，因为它的投机性太大，为了保证证券市场的稳定，现我国上海证券交易所和深圳证券交易所对股票和基金交易实行"T+1"的交易方式，即当日买进的，要到下一个交易日才能卖出。同时，对资金仍然实行"T＋0"，即当日回笼的资金马上可以使用。而上海期货交易所对钢材期货交易实行的是"T+0"的交易方式。

18

文化广场卖股票

"证券、股市，这些东西究竟好不好，有没有危险，是不是资本主义独有的东西，社会主义能不能用？允许看，但要坚决地试。看对了，搞一两年，对了，放开；错了，纠正，关了就是了。关，也可以快关，也可以慢关，也可以留一点尾巴。"

这是邓小平同志1992年初视察南方时对证券市场说的一段话。

这段话是股市的定海神针。

那个时候各个单位都在开会，传达邓小平视察南方的讲话精神。大家都很兴奋，感觉这回中国有希望，当时的上海和深圳股市就已经是万事俱备只欠东风，这回东风来了那就涨吧。

1992年初的时候，上海股市的股票一共只有15只，这股票不涨还好，一涨起来就会出现买不到股票的情况。那时，买卖股票要手工填单，交给营业部人员。等你填完了单子抬头一看股价又涨了，你回头又改单子，等你改完了单子再递上去，前面已经有人排队了，你还得和他挤。

递单就像上下班高峰挤公交车一样，是一件体力活，大家都在挤，那个时候既不是时间优先，也不是价格优先，是谁的力气大谁就优先，早期股民都干过这样的体力活。

等到5月份放开涨跌停板股市就更加火上浇油了。到1992年6月份的时候，上海地区所有的营业部全部爆满，各营业部已无法承受股民爆发式的交易量。于是，交易所想出一个看起来非常实用的主

1992年6月1日，100多家证券营业部，在上海证券交易所带领下，浩浩荡荡开进上海文化广场，摆摊接受股民的交易委托，开始了"股票大集"

意：增设临时柜台，集中交易。1992年6月1日，100多家证券公司营业部，在交易所带领下，浩浩荡荡开进上海文化广场，摆摊接受股民交易委托，开始了"股票大集"。在1792年之前，华尔街的美国人是在马路边上梧桐树下进行交易的，我们还有个文化广场，比他们现代多了。

股票大集第一天开门时，竟然涌进4万人。本来人多就乱，而市场管理者又自作聪明地决定，所有柜台只能挂"委托卖出单"，也就是说，"只许卖不许买"。当时，证监会还没有成立，代表政府管理股市的是当地人民银行和体改委。此决定一出，人们心里可就没有底了：只许做空，股价能不跌吗？于是"股票大集"乱套了。股民前拥后挤，争相卖出。开业不到半小时，各柜台前的隔离栏被冲得七零八落。

几个官员赶到现场，赶快宣布暂停营业。7天后，也就是6月9日，才重新开市。重新开市后，有8个柜台可以小额买入，以后可以买入的柜台逐步多了起来，市场也稳了下来。

从只许卖不许买，到可以买，当时管理者就像变戏法一样。

随着交易所规章制度不断建立和各券商经纪业务的进步，1992年12月，运营半年的文化广场"股票大集"关闭。

19

冰与火 中国股市记忆

沪市有老八股，深市也有老五股。老五股中有一个原野，它曾创下中国股市N多个第一：第一家上市的中外合资企业，第一家上市的独资企业，还是第一家被长期停牌的企业，第一家被重组的企业。

这里的主角叫彭建东，广东潮汕人。

《亚洲华尔街日报》这样描述彭建东：

深原野股票，右下角就是彭建东的签名

1982年，32岁的（另有传说他只有24岁）彭建东还在深圳的贫民窟里向往着好日子。他说："我经常带着妻子出去，把一个月的工资花在一顿好饭上。"几年后，作为中国为数不多的上市公司之一的创始人，彭建东真的过上了好日子，有罗尔斯·罗伊斯轿车，有高级别墅，有仆人。

这张照片表现的是深市老五股的交易情景，最右边的就是深原野，可以看出，当时红马甲们的兴奋之情溢于言表，但是这种表面的繁荣没有掩盖住深原野的陷阱

1992年7月7日，深圳证券交易所宣布：原野股票停牌交易。这是中国证券市场首家退市企业。今天看起来，股市大鳄彭建东的手段谈不上高明，但这是新中国证券市场建立以来第一起上市公司欺诈案。因为第一，所以深刻

　　1989年彭建东花200万美元在悉尼市郊的富人区建了一个家；1990年又用560万美元在香港买了一幢华贵的滨海住宅；1991年在香港买了一栋价值4400万港元的日式花园，山坡上住着全球华人首富李嘉诚。

　　彭建东个人哪儿来这么多钱？我们到现在也不得而知，但是渠道不外乎是两个，第一个是炒卖深原野的股票。

　　1990年2月原野上市，借着当时第一波牛市行情，节节攀升。比如，在1990年5月21日到28日，股价从14元猛升至28元。如此成绩，为原野增资扩股摇旗呐喊，为彭建东的钱保值增值前呼后拥，彭建东的钱包更鼓了。

　　炒股不是为了当股东，而是为了套现。彭建东亲自挂帅，专门抛股套现。从1990年6月到9月，共向社会转售法人股1843万股。

　　另外一个渠道是1992年6月人民银行深圳分行调查之后给出的结论，这份结论说香港润涛公司一共从深原野的外汇资金当中违规汇走了一个亿，另外还有两个亿的人民币外加300万美元的贷款逾期没有归还。今日查到当年的结论是："原野问题的基本线索是：注入资本（或他人代垫）成立公司—获取贷款搞基建—转换股权转走资金—评估资产将升值收益分配汇出并扩大账面投资额—转让法人股获利增大年度经营实绩。这是一个投机取巧钻管理上政策上空子的案例。"这应该是谜底的一部分。

到了1992年4月7日，人民银行深圳分行发出公告，公众这才大吃一惊如梦方醒，以要求原野配合落实企业利润和归还贷款为由，原野部分工作人员被带走。7月7日，原野被停牌。1994年1月3日，原野股票复牌，改名世纪星源。深原野事件算是告一段落。

由于当时的市场规范根本无从谈起，所以也可以说那个时候的股市就是一片原野。

20

"8·10" 事件

一张身份证有多重？或换句话说，17.5公斤重是多少张身份证——2800张。

1992年8月5日，深圳市邮局就收到这么个包裹。

1992年8月7日，深圳市发布1992年新股认购抽签表发售公告，宣布1992年发行国内公众股5亿股，发售抽签表500万张，中签率为10%，每张抽签表可认购1000股，每张身份证可花100块钱买一张抽签表。政府还很体谅大家：为减少排队人数，每一名排队者最多可持有10张身份证来买抽签表。

这2800张身份证的主儿，也许3个月前就料到这事儿了，3个月能搜罗到这许多身份证，也是本事。

当年的《深圳特区报》记者金涌回忆，当时深圳的常住人口60万，发新股时却涌进了100多万人。全国各地的人都在这几天涌进深圳，北京人、上海

1992年8月，为了这样的股票抽签表，上百万人涌入深圳，并引发了 "8·10" 事件

这个场景大家恐怕很难相信，当时由于排了3天3夜，到最后阶段每个人都唯恐被挤出去，所以不分男女，大家都紧紧地搂抱在一起，稍有不慎，你这队就白排了

人、哈尔滨人、广州人……他们直接就在发售点前把行李一放开始排队。当时，广州到深圳的软座火车票30多元，但在黑市竟然炒到200元一张。许多人没有边防证进不了特区，有当地农民自告奋勇带路钻铁丝网，收费每人40元，等等。

从8月7号早晨开始，约有120万人在分布全市的300个网点前摆开了长龙，长龙迅速粗壮蜿蜒开来。有人拿来长长的绳子，男男女女紧紧抓住绳子甚至把绳子绕在手腕上。

全城21个证券营业所，个个门前人山人海。人们排着队，昼夜不散。人群中的一张纸一次又一次地传到每人手中，又由后来者接过去，纸上密密地写着人名，每个人名前有个序号，这是当时最重要的。这种把人编成号码的办法乃是百姓自发创造，并由众人选举的"龙头"付诸实行。按照规定，"龙头"每隔两小时点名一次——不是叫人名，只是叫序号，比如"365号"，或者"563号"，闻者立即答"到"，无论昼夜，不得间断，倘若两声之后没有"到"的回应，"龙头"当即将该号码连同人名一并划去。

那个时候的深圳，除了刮风，要么就下雨，要么就是日晒。当时这120万人整整排了三天三夜，所有这几种天气都经历了。

接近8月9号发售的时间了，维护秩序的警察开始出现。

8月9日早晨开始发售抽签表，但到了中午，有几个点的窗户又关上了：表售完了。后来，越来越多的窗子关上了。

到了10日上午还有可怜的人在排队。而这天早晨上摊的深圳各报已宣布500万张新股抽签表9日发售完毕，并称发售过程体现了"公平、公开、公正"的原则。

但是没有拿到新股认购表的人，根本不相信。他们看到说好多内部人包括执法的人、证券公司的人、金融系统的人把大量的表偷偷地买走。他们互诉自己的委屈，交换各自的所见所闻，人们开始愤怒了。这种态势，到8月10号的晚上达到了顶点，大批的群众开始聚集，开始打出标语，要求惩治腐败、打击营私舞弊，最终演变成了冲突事件。

2008年，深圳原市委书记李灏在接受《南方都市报》采访时，对"8·10"事件做了详细的披露——

事情到了千钧一发的紧急关头。怎么办？大家一下子束手无策。我说，大家如果没有什么别的办法，我提议把明年500万股票额度提前到今年发行。因为股民都是冲着股票来的，不能满足他们的要求，即使没有出现舞弊行为，他们也不满意。有人说这个办法不行。寅吃卯粮，把明年的额度挪用到今年，要不要向上面请示批准？千钧一发，分秒必争，哪里还有时间给你层层请示？就这样定了，全部责任压在我一个身上，撤职法办我一人承担！

决定以后，连起草文件都来不及，草草写了五条，以市政府《公告》形式拿到广播车去广播。宣布再增发500万张抽签表，将明年的额度提前发行。

深圳决定增发500万张抽签表，它的作用太大了，因为大家明天又可以申请认购抽签表。事态逐步稳定。

事后，市纪委等部门从2900多件（次）群众投诉中筛选出重点线索62件，涉及金融、监察、工商、公安等5个系统20个单位75人，其中处级以上干部22人。一共有超过4000人私分了10万多张认购表。其中一家证券营业部的副总一个人独吞了整整一箱的认购

这是记录1992年"8·10事件"最为经典的一幅图片，这个小伙子手里拿着钱和身份证，他在排队的时候被人群挤了出来，从而丧失了购买抽签表的机会。这张照片如此完美地记录了一个普通的青年怀揣着发财的梦想又遭受沉重打击后的绝望状态

雨水浇不灭人们购买股票的热情

排队是个无聊的过程，但是财富的梦想足以抵挡身体的疲惫

即使睡觉，也要排在队伍当中

刮风、下雨、日晒。当时排队的人，把这几种天气都经历了

一天三顿饭，都在队伍中吃

表——5000张。不少发售点的工作人员、监管人员和执勤人员都不同程度地犯有营私舞弊的错误。

"8·10"事件后，深圳股市曾一度受重创，股价指数从8月10日的310点猛跌到8月14日的285点，跌幅为8.1%。

"8·10"事件后，10月26日，中国证券监督管理委员会成立。

冰与火 中国股市记忆

21

成都有个"红庙子"

　　1992年的5月份，北京市发行的第一只股票——天桥百货才刚刚上市，北京人对股票的热情还没有迸发出来呢。但是远在四川的成都人，那对股票的热情可是孙猴子进了火焰山，热得一塌糊涂。

　　我们来看一张照片，怎么样，人够多吧，他们在干嘛？在买卖股票。这是啥地方？大名鼎鼎的成都红庙子。为什么这儿这么火？啥也不为，只因为四川省证券交易中心就在这里。

　　1992年8月11日，四川省交易中心发行了第一只可转换债券工益券。500块钱一张的债券，转手就能卖到800多，甚至卖到过1000块钱。这赚钱的示范效应，那可是巨大的，不需要什么宣传，什么号召。很快，红庙子街边就出现了三五个收购股权证的小桌。到了1993年3月，红庙子已聚集上百人，收购小摊发展到十多个，沿街排开，已渐成集市。

　　在红庙子股票市场的鼎盛时期，在那条只有200多米长的小街两旁，摆满了办公桌，桌上放着成堆的人民币，上面拉了电线，挂着电灯，准备夜间交易。每天从上午10点左右到晚上9点多，都有手持各种股票、股权证的人们前来交易，买进卖出，一手给股票，一手数钞票。重庆、乐山、德阳、绵阳、南充、涪陵、自贡等地的股票都现身在红庙子市场，出现了罕见的原始炒股盛况。最多时大概有250多只股票在红庙子流通。

红庙子的成交是在众目睽睽之下进行的，一方仔细验票和身份证，一方哗啦哗啦数钱，围观的人也没闲着，这里的成交信息很快就被悄悄地传递出去了。成交者迅速消失在人流中，往往是从街这头还没走到中间就获知"嗨，又卖亏了"。

那个时候炒股，只有疯狂，没有理性，只听消息，没有道理。股份有限公司的股权证、法人股、拟发行的认购证、有限责任公司的出资凭证、交款收据，本地的、外地的都在炒。什么公司的盈利能力、资产情况、发展前景，什么市盈率、市净率、分红情况都不管，也不懂，有钱赚就行。红庙子市场上没有市场管理，没有任何中介，"T+1"的交易间隔时间限制、涨跌幅限制等等都没有。

炒家每天在街边摆上桌子，桌上放着一沓沓的钞票，桌边挂着收购股票字样的白纸，三五成堆地坐在桌子后喝茶，谈行情，晒太阳，等着人们持股来卖

但过于火暴的行市往往让人忽略了风险。根据王冠武（原成都印钞公司西南市场开发办事处主任，改革开放后我国第一张股票设计者）的调查，当时发行的200多种股权证中，只有约50种后来在沪、深交易所成功上市，其他的，不是企业消失了，就是找去了也没人管。

1993年的下半年，在有关方面的调控之下，红庙子没落了，不过直到2000年年底的时候，它仍然活着。一张小桌子，两把竹椅，旁边的白纸板上写着内部职工股或权证的名字，红庙子还活在很多成都人的记忆当中。

招牌上的很多股票如今已不见踪影，但是红庙子还活在很多成都人的记忆当中

22

证监会成立

有人说深圳"8·10"事件直接促成了中国证监会的成立，这话对，但不完全对。

其实1992年的8月8号到12号，也就是深圳"8·10"事件发生的同时，国务院正在召开一个股票市场试点工作座谈会，其中一个主要的议题就是如何规范股份制和股票市场，所以准确的说法应该是"8·10"事件催生了中国证监会。它的首任主席就是当时正在担任国家体改委副主任的刘鸿儒。

在接受中央电视台财经频道记者采访时，刘鸿儒回忆当初接受任命时的情景："我说这个是火山口上的事，认识不一致，法规不健全，人力又不够，知识和经验都不足，或者是没有，缺少这方面知识和经验，如果有，是国外的东西。"

上任之后刘鸿儒干了两件大事，第一整章建制，订立规矩；第二要权。在当时证券经营机构是归人民银行管，沪深两个交易所归两地的政府管，业务上归证监会管，三者之间经常打架。可不要小看这种要权。监管权力的集中，为日后形成全国性的资本市场，为统一监管可是奠定了坚实的基础。

国务院证券委员会成立

朱镕基兼任主任

为统一协调股票、债券、国债政策，保护群众利益

新华社北京10月26日电 国务院证券委员会最近成立。

为了加强证券市场的宏观管理，统一协调股票、债券、国债等有关政策，保护人民群众利益，使我国证券市场健康发展，国务院决定成立国务院证券委员会（简称证券委），撤销原国务院证券管理办公会议。

国务院证券委员会下设办公室，负责日常工作，由国务院办公厅代管。

国务院证券委员会由朱镕基兼主任，刘鸿儒、周道炯任副主任。

为了建立健全证券监管工作制度，国务院决定成立中国证券监督委员会（简称证监会），受国务院证券委员会指导、监督检查和归口管理。

刘鸿儒任中国证券监督委员会主席。

中国股市的诞生属于典型的摸着石头过河，并且从上海、深圳两地分头开摸。沪深两个交易所和当地政府主管部门分别给股市制定游戏规则，从涨停板到跌停板、从零交易到救市、从文化广场到"8·10"，这一时期的中国股市有点乱。治乱成为当时市场中人的众望所归。中国股市，规范为大。中央政府出手了，一个最高级别的红头文件下发了，一个专司股市规范的机构建立了。国务院证券委成立，中国股市有了规范的大本营

中国证监会首任主席刘鸿儒

如今，央行、证监会、银监会和保监会共同形成了中国的金融监管体系。中国证监会的工作职能有很多，如果用一句话来概括的话，就是保护投资者的合法权益。

五任中国证监会主席"全家福"（前排右起：首任证监会主席刘鸿儒、现任证监会主席尚福林、第三任证监会主席周正庆、第四任证监会主席周道炯）

第五章

成 长

首支基金来了——淄博基金。

第一家在香港上市的公司——青啤。

一个关于新股发行制度变迁的故事——"打"新股。

打响了新中国上市公司收购兼并第一枪——宝延风波。

1992年发行的三年期国库券——代号327。

管理层的行动——12道金牌。

中央全力护盘——香港金融保卫战。

从1992走到1997，我们的股市在不断成长……

基金起步

　　投资基金起源于19世纪中期的英国。1868年，英国设立了世界上第一个基金机构，它把很多人的钱汇集到一起，由投资方面的专家代理投资，由此产生了投资基金。

　　不过投资基金真正获得大发展，却是在美国。1924年的时候，第一只共同基金在波士顿设立，从此美国的基金业迅速地发展起来。有人估算，截止到目前，全球基金的资产规模恐怕要超过30万亿美金。

淄博基金是公司型的封闭式基金，募集资金规模1亿元人民币，其中60%的资金投入到了淄博的乡镇企业，其他的40%投入到了上市公司

我们国家的投资基金起步于20世纪80年代的后期，1987年，中国新技术创业投资公司与汇丰集团、渣打集团联合在香港设立了中国置业基金，首期集资3900万港币直接向珠三角地区的乡镇企业进行投资。后来这个中国置业基金在香港联交所上市，这标志着内地的金融机构正式进入到了投资基金这个领域，这是第一个标志。

第二个标志，是1992年11月份，淄博乡镇企业投资基金的成立。

淄博基金是公司型的封闭式基金，募集资金规模1亿元人民币，其中60%的资金投入到了淄博的乡镇企业，其他的40%投入到了上市公司。

淄博基金上市公告

随着淄博基金的设立，各地大大小小的基金纷纷出世，到1993年就达到了70家左右，面值达40亿元人民币。合资的中国基金，规模为2000万美元。

1993年8月，淄博基金在上证所挂牌交易，从此我们国家的投资基金正式进入到了上市公开交易这样一个阶段。

不过对于当年的投资者来说，他们并不完全清楚，这个基金和股票到底是个啥关系，他们往往是把基金当做股票来炒的，这种情况今天依然存在。

第三个标志，1998年的3月27号，基金金泰和基金开元正式成立，从此揭开了我国证券投资基金发展的新一页，它也标志着我们这个市场当中出现了真正意义上的专业证券机构投资者。

2000年的时候，淄博基金和通发基金、三峡基金一起合并成为了基金汉博，2007年的4月16号，基金汉博封转开，它现在的名字叫富国天博创新。

封闭式基金

封闭式基金是指基金的发起人在设立基金时，限定了基金单位的发行总额，筹足总额后，基金即宣告成立，并进行封闭，在一定时期内不再接受新的投资。基金单位的流通采取在证券交易所上市的办法，投资者日后买卖基金单位，都必须通过证券经纪商在二级市场上进行竞价交易。

开放式基金

开放式基金是指基金发起人在设立基金时，基金份额总规模不固定，可视投资者的需求，随时向投资者出售基金份额，并可应投资者要求赎回发行在外的基金份额的一种基金运作方式。投资者既可以通过基金销售机构购买基金使基金资产和规模由此相应增加，也可以将所持有的基金份额卖给基金并收回现金使得基金资产和规模相应减少。

基金封转开

封闭型投资基金是相对开放型投资基金而言的。它是指基金资本总额及发行份数在未发行之前就已确定下来，在发行完毕后和规定的期限内，不论出现何种情况，基金的资本总额及发行份数都固定不变的投资基金，故有时也称为固定型投资基金。由于封闭型投资基金的份数不能被追加、认购或赎回，投资者只能通过证券经纪商在证券交易所进行基金的买卖，因此有人又称封闭型投资基金为公开交易共同基金。封闭型投资基金在取得收益后，以股利、利息和可实现的资本利得等形式支付给投资者。封闭基金到期后，经持有人同意，换型为开放式基金，转的时候拆分为净值1.000元。

24

青啤卖到了香港

现在很多投资者都知道H股，它指的是中国内地企业在香港发行并上市的股票。为什么要叫H股？香港英文名称的第一个字母。

1994年8月，《国务院关于股份有限公司境外募集股份及上市的特别规定》的公布，标志着内地企业赴港上市有法可依了。而实际上，早在一年前就已经有一批内地企业在港上市了。

1993年6月19日，内地与香港签订监管合作备忘录，10天后青岛啤酒就在香港发了招股说明书，以每股2.80港元的价格发行3.18亿股H股，集资8.9亿港元。在5天发行期内，盛况空前，出现110倍的超额认购，

1993年发行的青岛啤酒H股股票

创造了香港资本市场股票发行的一个历史纪录。青啤也成为了第一家成功赴港上市的内地企业。

7月15日，青岛啤酒在香港联交所上市，金黄色的青岛啤酒泡沫

1993年7月15日，青岛啤酒在香港联交所上市，香港联交所特意把168的股票代码留给了它，用广东话来读就是"一路发"

原计划在香港上市的第一家内地公司是上海石化。由于要剥离并非主业附属资产，赴港上市第一家花落青啤。7月26日，上海石化登陆香港联交所

四溢，让所有人喜笑颜开。香港联交所也特别厚待青啤，特意把168的股票代码留给了它，用广东话来读就是"一路发"。

其实，原计划在香港上市的第一家内地公司并不是青啤，而是上海石化。但是根据香港联交所的规则，上海石化上市必须要剥离并非主业附属资产，这需要一段时间，而青岛啤酒资产相对比较简单，就这样，赴港上市第一家就花落青啤了。

青岛啤酒的股价还真挺争气。在上市之后两个月的时间里，它就从2.8港币涨到了10港币，这也就是说当初认购青啤H股的原始股东都是获利丰厚，看来这上市仪式上的那杯啤酒还真不白喝。

到这一年年底，共有6家内地企业在港上市，除了青岛啤酒以外，还有上海石化、广船国际、北人股份、马钢股份、昆明机床。

2003年，青岛啤酒的H股股价创出上市十年来的历史新高，并成为第一家H股股价一度超越A股股价的上市公司。

青啤不是中国第一家上市公司，但是它开创了很多的第一，比如说第一家海外上市，第一家整体上市，第一家把无形资产作价入股上市，品牌资产估值约1个亿，这些都是中国资本市场的第一。

25

"打" 新股

　　在我们这个市场当中，申购新股有一个专用名词，叫"打"新股，到目前为止也没有考证出来这个"打"字是源于上海话还是广东话，不过这个字用得好，非常形象，妙不可言。"打"新股讲的是新股发行制度变迁的故事。

　　新股发行是一件非常敏感的事，在20年前，尤其如此。

　　1990年上海交易所成立后一年多时间中，"老八股"唱独角戏，成了奇货可居的独特"商品"，股价天天空涨，因此，新股就成了香饽饽。

中华人民共和国国务院令

第 112 号

现发布《股票发行与交易管理暂行条例》，自发布之日起施行。

总理　李鹏

一九九三年四月二十二日

请各同志各候人员认真学习掌握。结合锦和各业实质和认同今讲提水平。

　　中国股市伊始，仅有13粒米，上海是"老八股"，深圳是"老五股"，芸芸股民真是一票难求，以至于这些稀有纸片的影子——股票认购证都炒出天价。1993年4月22日，国务院发布《股票发行与交易管理暂行条例》，我国股市早期最基础性的规范出台，新股发行乱象消失了。这道印有总理签字的政府令迈出了中国股市走向规范的重要的一步

这是当年上海申银证券公司的门口，大批的人在冒雨参与5只新股的发行，据说30块钱一张的认购卡在黑市上曾经被炒到过3000块

面对供求严重失衡的市场，上海市政府加速了新股票的推出。但是如何将股票公平、安全且高效率地发出去，就成了一件犯难的事。采用内部认购发行的方式显然既不利于发行效率，也不符合三公原则。于是有人想出了"认股预约券"。

　　1992年时，中国证监会还没成立，在上海主管股票市场的是中国人民银行上海分行和上海市体改办，他们想出了一个可以载入史册的好主意：在发行股票之前先发股票认购证，凭认购证摇号，中签的认购证可以认购股票。

　　但问题又来了，认购证价格究竟如何定？如果价格定得太便宜，比如：2元1份，那老百姓就将认购证当彩票买了，认购时还将是人山人海，还是解决不了问题；而如果价格定得太高，100元1份，那大家都不买，股票最终还是发不出去。最后1992年股票认购证确定为30元1份，并事先告诉大家：认购证在1992年内分4次摇号，共发行10多个股票。这个决定一出，很多人都懵了，搞不清楚该买还是不该买。

　　1992年8月7日深圳发布《1992年新股认购抽签表发售公告》，宣布发行国内公众股5亿股，发售新股认购抽签表500万张，凭身份证认购，每一张身份证一张抽签表，每人一次最多买10张表。然后

兴业房产是第一只采取"认股预约券"方式发行的股票。通过预约券摇号，中签者可认购股票

1991年，深圳11家上市公司新股认购抽签仪式

将在适当的时候，一次性抽出50万张有效中签表，中签率为10%，每张中签表可认购1000股。由于参与新股发行的人数过多，引发了"8·10"事件。

中国证监会成立后，采取了两个措施，第一是加大股票供给，1993年上市新股达到100多只，无形中使得供求关系大大改善，哄抢某只新股的事情已经不会再发生。第二是把"限量发售"认购表改为"无限量发售"（身份证限制依然存在），这一招算是刺中要害了。

这位女士一边悠闲地打着毛衣，一边看着新股认购证发行的通知，因为那一年采用的是新股认购证无限量发行的方式，人们不必再为认购证排大队了

之后，就有了大家都知道的与银行储蓄存款挂钩的方式。即按居民在银行定期储蓄存款余额一定比例配售申请表，然后对认购申请表进行公开摇号抽签，中签后按规定要求办理缴纳股款手续，或开办专项定期定额储蓄存单业务，按专项储蓄存单上号码进行公开摇号抽签。

2000年10月30日，当时A股最大的IPO——宝钢股份上市，宝钢股份通过路演对价格区间予以确定，表明发行价格进一步地对市场放开。竞价方式也开始慢慢地向询价方式过渡。

2004年是我们对新股发行制度改革动作最大的一年，这一年我们实行了保荐制度，还试行了新股发行的询价制度，并且从多个方面对新股发行的审核制度进行了完善。

到了2009年，中国证监会又启动了新一轮的新股发行制度改革，完善询价和申购报价约束机制，扩大询价对象，完善中止发行

中国证券监督管理委员会办公厅文件

证监办发[2004]56号

关于进一步完善证券发行审核制度的通知

中国证券监督管理委员会文件

证监发[2004]3号

关于实施《证券发行上市保荐制度暂行办法》有关事项的通知

中国证券监督管理委员会

证监发行字[2004]162号

关于首次公开发行股票试行询价制度若干问题的通知

2004年，新股发行制度进行了一系列的改革

和回拨机制等新举措，向市场化定价又迈进了一步。不过坦率地来讲，尽管我们越来越靠近市场化发行，但是距离我们最终的那个目标恐怕还有很长的一段路要走。

新股发行体制

新股发行体制是指首次公开发行股票时的新股定价、承销和发售的一系列制度及相关安排。新股发行体制的核心是定价机制，有两方面基本内容：一是确定新股发行价格，即价格发现；二是采用一定的方式将新股出售给投资者。这两个方面相互制约和依赖，构成价格形成机制的核心内容。

26

宝延风波

1993年，深圳宝安集团通过二级市场举牌上海延中实业，打响了新中国上市公司收购兼并第一枪，史称"宝延风波"。

说起来，在中国证券史上，"宝延风波"好像是一场突然爆发的遭遇战，但有一个人早就预料到了，这个人就是高西庆。他当时是中国证监会的首席律师。

1992年10月中国证监会成立后，便着手起草《股票发行与交易管理暂行条例》，其中非常下工夫的是第四章：兼并收购，写得非常详细。但法制局的人说，这章没什么用，谁也看不懂，中国哪能像西方那样大鱼吃小鱼，这种事情十年八年不会发生的。

高西庆说：只要有市场，有这个温床，就会发生兼并。最后的结果是这一章得以保留，但删得只剩下了几条。

其实不光法制局的人那么想，当时中国大多数人的头脑里都认为，收购兼并这种事不会发生在中国。延中实业的总经理秦国梁就是这么想的。

1993年4月，《股票发行与交易管理暂行条例》颁布，9月4日，上证所宣布向国内法人机构开放A股交易，当月就发生了"宝延收购战"。

延中实业是上海的老八股之一，它的前身是由里弄工厂组建的延中复印工业公司，1985年1月改组为股份制企业，并向社会公开

上海市民认购延中实业股票

发行500万元股票，这是改革开放后上海向社会公众发行的第一只股票。它最初的股本结构中，除有9%的发起人股份外，其余91%的股份都是可流通的社会公众股。这样的股本结构，对于当时急于扩张的深宝安来说，可是一个再理想不过的收购对象。

深宝安的资格与延中实业一样老，是深交所最早上市的公司之一。1991年公司上市时净资本2.25亿元，其中国有股、法人股、个人股所占比重分别为28.6%、30.9%和40.5%。

9月30日，收购战正式打响。上午11时，上证所正式通知上海宝安，其所持延中实业股票已超过5%，应立即停止买入。同时，上证所宣布延中实业停牌，下午开市复牌。据事后统计，9月30日上午，深宝安旗下三家公司已经合计收购了延中实业17%的股权。

延中实业的总经理秦国梁一听就急了，这还了得，他的第一反应就是"吃饱饭撑的，我们好不容易把这个企业搞上去了，你开始摘果子来了"。

延中实业开始反击了，开新闻发布会，愤怒声讨，没有钱反收购，就告状，告深宝安有违规行为。

延中实业召开新闻发布会，声讨深宝安的"恶意收购"行为

就在"宝延风波"发生的1993年，上海证券大厦在浦东奠基

你还别说，后来证监会还真给它个说法——深宝安收购延中实业的股权有违规行为，罚款100万，上交国库。但也许是考虑到这是我国收购兼并第一例，大方向要肯定，最终认定深宝安收购的股权有效。深宝安正式收购延中实业，秦国梁得以留任。

宝延风波发生后，一天半夜，时任中国证监会秘书长的朱利给当时正在纽约的高西庆打电话，高西庆听后大笑："怎么这么快！"

27

327事件

　　《真实的谎言》是1995年在中国上映的一部美国动作大片，它的投资高达1.2亿美元，就在这一年的上海，同样上演了一部惊心动魄的动作大片，我们先来认识一下对决的双方。其中一方是万国证券的老总管金生，他所领导的万国证券在当年一级市场的承销业务占到了全国总额的60%，在二级市场的经纪业务占到了全国总额的40%，可以说是无可争议的券商当中的带头大哥。当时有一句广告词说："万国证券，证券王国"。

　　管金生的对手是中国经济开发信托投资公司，简称中经开。管金生与中经开对决的标的就是国债期货的一种主力品种——1992年发行的，于1995年到期的三年期国库券，证券代码327。

　　1995年2月，有市场传闻，财政部有可能会提高327的保值贴补率，但是管金生不这么看，他决定带领万国证券做空，而有财政部背景的中经开则选择了做多。时间到了2月23号，传闻得

管金生一手缔造了万国证券"王国"

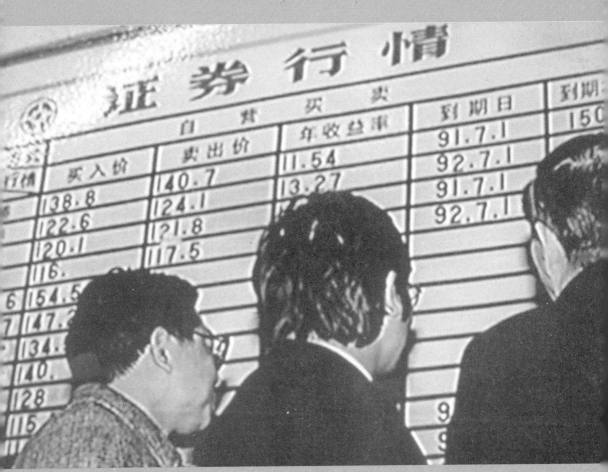

在这幅照片当中，最左边背对镜头，身穿灰色上衣
的这个人就是管金生，他正在关注国库券的行情

这幅照片真实地记录了1995年2月23日当天，327国债上涨时多方兴奋的心情，但是这种场面对于万国证券来说却是灭顶之灾。因为每上涨一块钱，万国证券就要赔进去十几个亿

327国债期货协议平仓在上海证券交易所员工食堂进行

到了证实，面值百元的327将按照148.5元钱来兑付，管金生有点懵了。

这天上午一开盘，中经开是步步紧逼，曾经一度把327的价格拉高到了150块钱。

到下午4时22分，空方突然发难，先以50万口把327的价位从151.30元打压到150元，然后争分夺秒连续用几十万口的空单把327的价位打到148元，最后在尾市以一个730万口的巨大卖单把价位打到147.40元。全场目瞪口呆！

在这天交易的最后七八分钟，万国证券一共砸出了1056万口的卖单，面值高达2112亿，而当时所有327才值240亿。

当天晚上，上证所经过紧急磋商，最终裁定万国证券恶意违规，并宣布当天最后八分钟所有有关327的交易无效，各会员单位之间协议平仓，万国证券就此赔进去了16个亿。

1995年5月17日，证监会副主席李剑阁召开新闻发布会宣布：经国务院批准，决定在全国范围内暂停期货交易试点。

1997年2月3号，管金生以受贿和挪用公款罪被判处有期徒刑17年，申银证券接手重组万国证券。

2003年之后，管金生保外就医，赋闲在家。

1995年在中国还上映过一部美国大片，叫《阿甘正传》。它其中的一句台词是这样讲的，生活就像一盒巧克力，你永远都不知道下一块会是什么滋味。

327国债期货

327国债期货是1992年发行的三年期国库券，该券发行总量为240亿元，1995年6月到期兑付，利率是9.5%的票面利息加保值贴补率，但财政部是否对之实行保值贴补，并不确定。1995年2月后，其价格一直在147.80元和148.30元之间徘徊，但随着对财政部是否实行保值贴补的猜测和分歧，327国债期货价格发生大幅变动。以万国证券公司为代表的空方主力认为1995年1月起通货膨胀已见顶回落，不会贴息，坚决做空，而其对手方中经开则依据物价翘尾、周边市场"327"品种价格普遍高于上海以及提前了解财政部决策动向等因素，坚决做多，不断推升价位。

保值贴补率

保值贴补率即同期物价上涨率和同期储蓄存款利率的差额。根据中国人民银行1988年9月发布的有关三年以上居民定期存款保值贴补的规定，三年期以上居民储蓄存款利率加上保值贴补率，应相当于同期的物价上涨幅度，即储户的三年、五年、八年定期储蓄存款期满时，银行除按规定的利率付息外，还要按保值贴补率付一笔钱给储户，以保证存款不因物价上涨而贬值。保值贴补率＝（存款到期时物价指数／存入时物价指数－1－利率×存期）／存期×100％）。由于国家曾对一些三年、五年期的国债发行承诺保值，因此，保值贴补率的高低对全部国债的价格有很大影响。

实施保值贴补率可以在高通胀时期解决居民储蓄存款利率倒挂(即负利率)问题，改变居民通货膨胀预期，我国曾于上世纪50年代初和80年代末至90年代中，两次实行居民保值储蓄，对稳定居民储蓄消费行为、抑制通货膨胀，发挥了十分重要的作用。

28

12 道 "金牌"

1996年初，中国股市已经走熊三年，许多股票已跌到极点：深发展6块多，四川长虹7块多，深科技4块多。

然而1996年春节一过，由于降息导致投资者预期货币政策将有所松动，股市连连跳空高开，宏观政策也利好不断。

3月30日，中国人民银行宣布4月1日起停办新的保值储蓄业务。4月1日，国务院批示要"稳步发展，适当加快"。

6月20日，央行上海分行宣布，欢迎异地券商在沪开办营业部。上海还推出上证30指数，深圳也推出30家绩优公司。

从1996年4月1日到12月12日，上证综指涨幅达124％，深成指涨幅达346％，涨幅达5倍以上的股票超过100只。

沪深两市当时的领头羊更是雄赳赳、气昂昂，深发展从6元起步，到12月12日达到 20.5元；四川长虹从7元起步，12月上旬涨到27.45元。

然而从10月起，一团团冷风吹来，政策开始转向，监管层管理层接连做出了十二个大的动作，史称"12道金牌"。

大致有：

《关于规范上市公司行为若干问题的通知》；

《证券交易所管理办法》；

《关于坚决制止股票发行中透支行为的通知》；

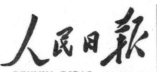

人民日报
RENMIN RIBAO

1999年12月16日

社论

正确认识当前股票市场

本报特约评论员

股市因何出现暴涨

股市有涨必有落

坚持"八字方针"规范证券市场

时代赋予文艺的崇高历史使命

——中国作协第五次全国代表大会隆重召开 祝贺中国文联第六次全国代表大会

中国作协四届四次理事会提出

同心同德团结鼓劲开好五代会

文学繁荣势头喜人

科摩罗总统塔基

今起对我国进行国事访问

国家计委国务院证券委确定

1996年股票发行规模100亿元

1996年中国股市暴涨，直到这篇刊登在《人民日报》上的评论出现，股市才停下疯狂的步伐。这是新中国成立以来第一次针对股票市场交易市况所发的"准社论"

这是1996年12月份12道金牌横扫股市之后，普通投资者的表情

《关于防范运作风险、保障经营安全的通知》；

《关于严禁操纵信用交易的通知》；

《证券经营机构证券自营业务管理办法》；

《关于进一步加强市场监督的通知》；

《关于严禁操纵市场行为的通知》；

《关于加强证券市场稽查工作，严厉打击证券违法违规行为的通知》；

《关于加强风险管理和教育工作的通知》。

从第一道到第五道，是一个管理办法，四个通知，先后使用了这样几个关键词：规范、管理、坚决制止、防范和严禁。

第八道和第九道，关键词升级为严禁操纵和严厉打击。

然而这样十道金牌下来，市场不理不睬，走势依旧。第十一道金牌，恢复涨跌幅限制。

最后终于，撒手锏来了。1996年12月16日，《人民日报》在头版这么一个重要的位置上，刊登了一篇特约评论员文章，题目叫"正确认识当前股票市场"。这是新中国成立以来第一次针对股票市场情况所发的"准社论"。

文章洋洋洒洒说了很多，其核心就一句话：4月份以来的暴涨，是不合理的和非理性的。

　　话都说到这份儿上了，大家还有什么讲的？跑吧。12月16日是个星期一，开盘之后的4分钟之内，沪市跌停，深市满盘皆绿。到了12月24日，与12月9日相比，沪市跌去了31%，深市跌去了38%，1200亿的纸上财富蒸发了。

29

香港金融保卫战

　　1997年7月1日，香港回归。那是一个大喜的日子，可是转过天来，7月2日，当泰国的百姓们一觉醒来的时候，忽然发现手里的泰铢贬值了20%。泰国人顿时慌作惊弓之鸟，挤垮了银行56家，泰铢贬值60%，股票市场狂泻70%，泰国人的资产大幅缩水，泰国金融危机正式爆发。

　　紧接着，菲律宾、马来西亚、印度尼西亚，相继成为国际炒家们的攻击对象，这些国家的货币纷纷贬值，各国央行是手忙脚乱，一时间亚洲各国的金融市场被搅得一潭浑水。震惊世界的亚洲金融危机从此拉开了序幕。

　　说起亚洲金融危机，不可能不说到索罗斯这个人，这个匈牙利出生的美籍犹太人，被称作"对冲基金之王"。

"对冲基金之王"索罗斯

　　1930年，索罗斯出生于匈牙利的布达佩斯，小时候逃过了纳粹的抓捕，到了英国。他后来去了美国，做了一名股票经纪人。这个人学过经济，也学过哲学，

1997年，时任香港财政司司长的曾荫权指挥了对国际炒家的反击。曾荫权后来说："决定政府入市干预的前一晚，我坐在床头哭了，不是为我自己，而是怕这个决定如果错误了，害了香港，我怎么向中央政府、向市民们交代？"

到后来他成立了著名的"量子基金"，这是一只对冲基金。

1992年的时候，索罗斯率着自己的量子基金，单枪匹马打败了英镑，使得英镑在大幅贬值之后退出了欧洲货币联盟，这让索罗斯名声大振。

1997年泰铢的暴跌也是索罗斯一手导演的，他因此大赚了一笔。

此后他把目光转向了亚洲最繁荣的地区——香港。

我们知道香港股票是可以卖空的，这一点正好被索罗斯和他的量子基金用来诱使股票下跌。到1998年8月的时候，香港股市暴跌，索罗斯和他所率领的外资银行，已经是胜利在望。

然而就在这时，1998年8月14日，港府宣布政府资金救市，大反攻开始了。这一天是星期五，随后是三天"抗日战争胜利纪念日"公假，股市休市。选择这一天就是为了让炒家来不及还击。

三天公假后，双方激战继续。

8月27日，8月份期货合约结算前夕，香港特区政府摆出决战姿态。

当天，全球金融消息极坏，美国道琼斯股指下挫217点，欧洲、拉美股市下跌3％～8％，香港股市面临严峻考验。港府一天注入约200亿港元，将恒生指数稳托上升88点，为最后决战打下基础。

8月28日，是期货结算日，炒家们手里有大批期货合约到期必须出手。若当天香港股市、汇市能稳定在高位或继续突破，炒家们将损失数亿甚至十多亿美元的老本，反之港府前些日子投入的数百亿港元就扔进大海。当天双方交战场面之激烈远比前一天惊心动魄，全天成交额达到创历史纪录的790亿元港币。港府全力顶住了国际投机者空前的抛售压力，最后闭市时，恒生指数为7829点，比金管局入市前的8月13日上扬了1169点，增幅达17.55％。国际炒家遭遇首次惨重失败。

决战日这天，索罗斯这些大鳄们虽然亏了钱，但是并没有准备撤退，他们准备坚守，耗尽港府的资金。

就在这个关键时刻，9月1日，中国外交部发言人声明："中央人民政府一贯支持香港特区政府为维护香港金融市场和联系汇率制所做的努力。"

而时任国务院总理的朱镕基则在一个特殊的场合表示："如果香港有需要，中央政府不惜一切代价保卫香港。"

据说，当闻听朱镕基此言时，正在喝茶的索罗斯将茶杯掉落在桌上。

9月6日，港府推出整肃市场30条。10月30日，恒指重返万点大关。香港金融秩序稳住了。亚洲金融危机第一场白刃相搏的阵地战以炒家们的失败宣告结束。有媒体测算，此战索罗斯赔了8亿美元。

联系汇率制度

是一种货币发行制度。根据货币发行局制度的规定，货币基础的流量和存量都必须得到外汇储备的十足支持。换言之，货币基础的任何变动必须与外汇储备的相应变动一致。它是香港金融管理局

（金管局）的首要货币政策目标，在联系汇率制度的架构内，通过稳健的外汇基金管理、货币操作及其他适当的措施，维持汇率稳定。联系汇率制度的重要支柱包括香港庞大的官方储备、稳健可靠的银行体系、审慎的理财哲学以及灵活的经济结构。

30

"5·19"

1999年是新中国成立50周年，但是对于中国的投资者来说，那一年还有一件大好事，那就是"5·19"行情。

1999年5月19号的上午，沪深股指还在弱势中静静地爬行。午后，场外资金突然如潮水般涌入，在网络科技股的带领下，大盘陡然拔起，当天沪市上涨51点，深市上涨129点。

就在市场升幅可观，但还显得有点犹豫之际，6月10日，央行宣布第七次降息；6月14日，证监会官员发表讲话，指出"股市上升是恢复性的"；第二天，《人民日报》发表评论员文章，题目叫"坚定信心，规范发展"，再次强调"股市是恢复性上涨"；不久，管理层又放出"三类企业获准入市"的利好。突发性和后续不断的政策利好有如火上浇油，终于领着"5·19"行情走向更高。

到6月30日，沪指已经攀上1756.18点的新高。当时上证指数从1060点起步，第一阶段在政策的刺激下就上涨了70%。

后经回调，沪指在1341点处再次爆发行情，一口气涨到2001年6月14日的2245点，再创新高。这轮延续两年的大行情就是著名的"5·19"行情。

李迅雷，国泰君安证券首席经济学家。他后来回忆说："那段时间国泰跟君安正在合并，我们那个时候是跑到陕西去开发股东。那天我们还在跟那家拟投资股东在讨论，现在投资机会非常缺乏，

人民日报

RENMIN RIBAO

今日12版（华东、华南地区16版）

网址:http://www.peopledaily.com.cn

国内统一刊号:CN11—0065

第18602期 （代号1—1）

人民日报社出版

1999年6月

15

星期二

己卯年五月初二

北京地区天气预报

白天 晴间多云
降水概率20%
风向 偏东
风力 二、三级

夜间 多云间晴
部分地区有小阵雨
降水概率40%
风向 偏东
风力 一、二级

湿度 28℃ / 22℃

坚定信心 规范发展

本报特约评论员

5月19日以来，调整两年之久的中国股市开始出现了较大的上升行情。6月11日，沪深两市综合指数收于1370点和407点，分别比年初上涨了22%和21％。18个交易日共成交4595亿元，日均成交255亿元。股票市场的企稳回升，恢复了市场人气，扩展了发展空间，也给投资者和市场各方带来了惊喜和期盼。然而，此番股市场的上升行情，究竟是在利好消息刺激下的短期反弹，还是股市长期发展的良好开端呢？正确认识这一问题，对于进一步增强投资者信心、稳定和发展证券市场，推进改革和发展具有重要意义。

一、近期股市反映了宏观经济发展的实际状况和市场运行的内在要求，是正常的恢复性上升。

从宏观形势来看，近期股市反映了经济发展的实际状况。随着去年以来国家以增加投资、扩大内需为主要内容的各项政策措施逐步发挥效应，今年经济发展继续保持了良好势头，经济增长结构出现了积极变化，特别是在国际局势动荡不安的环境下，我国仍然保持了社会政治经济稳定的良好局面，发展股市、壮大实力，已经成为各方面的共识。近期的股票市场走势，反映了广大群众对形势发展的良好预期。

从市场走势来看，客观上存在反弹要求，我国股市已经经历了长达两年的盘整行情，整体上一直处于下滑状态，至今年5月18日，沪深两市综合指数已分别跌至1059点和310点，当日成交金额仅为41亿元。在股市的持续下跌过程中，众多上市股票的市盈率大幅下降，投资价值日益显现，使股民集中释放较大的反弹能量。

从市场指标来看，近期市场运行指标基本正常。首先是股价指数基本正常。5月19日以来，沪深两市综合指数有5天升幅在2%以上，有4天回落，其他时间小幅上升，日均涨幅前7个交易日分别为2.77%和2.61%，后11个交易日分别为0.66%和0.82%。其间，单日涨幅最高值不到5%，远低于股市过热时近10%的水平。其次是日均成交量基本正常。今年年初至6月11日，沪深两市日均成交量为104亿元，而1997年同期为180亿元，1998年同期为124亿元，近期成交量增加只是对前期成交量不足的补偿性增量。5月19日以来，日均成交量达到255亿元，主要是资金来源增加，5月19日至6月4日，沪深两市新增开户数达17万户，客户保证金大幅上升，10只基金持股数量明显增加，成为市场新增资金的重要来源。特别是自1997年以来，我国上市公司增加了261家，流通股增加了1倍，流通市值增加了2000多亿元，随着市场规模的扩大，日交易量出现较大增长也是正常的。

从投资热点来看，与以往股市过热时明显不同。近期股市资金流向主要集中在高新技术股和绩优股，上证30指数和深圳成份指数分别上涨了24%和32%，而因财务状况蒙受到特别处理的51家ST股受到冷落并趋近于绩优股。这种理性投资的特征，与以往市场出现过度投机时"鸡犬升天"、"全线飘红"的不正常现象有着明显的区别。

二、证券市场具备了长期稳定发展的基础，对推动国有企业改革和现代化建设至关重要。

江泽民总书记在《证券知识读本》一书的批语中指出："实行社会主义市场经济，必然会有证券市场。建立发展健康、秩序良好、运作安全的证券市场，对我国优化资源配置、调整经济结构、筹集更多的社会资金、促进国民经济的发展具有重要的作用。"这是对我国证券市场8年多实践的科学总结，也是对今后证券市场发展的明确要求。

在过去的8年多时间里，我们以邓小平理论为指导，积极探索中国证券市场的发展道路，在促进国有企业改革和经济发展方面发挥了重要作用。一是拓展了国有企业融资渠道，改善了上市企业财务状况，8年来，证券市场为国有企业筹集了3640多亿元发展资金，使工业类上市公司的资产负债率降到了46%，比国有工业企业65%的平均水平低19个百分点；二是国有企业通过改制上市，按照现代企业制度的要求，转换经营机制，建立法人治理结构，逐步使决策科学化、经营市场化、监督社会化，促进经济效益的提高；三是有利于优化社会资源配置，促进经济结构调整和国有经济的战略性重组。仅1998年，就有277家国有企业通过证券市场实施了收购、兼并和资产重组；四是通过支持高新技术企业上市，促进了高新技术产业化发展和技术进步。1998年，我国国家有关部门认定的高新技术上市公司达135家，占全部上市公司的16.2%。实践证明，证券市场已成为社会主义市场经济体系中不可缺少的重要组成部分。

（下转第二版）

《人民日报》的评论员文章坚定了投资者做多股市的信心

正在讨论的时候，人家说今天股市涨了。到后来才知道，原来这是一个波澜壮阔的大行情的第一天。"

现在回过头来看，"5·19"行情的爆发可能有两大背景：一是当时国企改制已经大规模展开，急需资金，因此股市必须激活；二是当时海外市场的网络热已经开始兴起，国内市场早晚肯定有所反应。而诱发"5·19"行情的，则是一份内部文件。

周正庆，时任中国证监会主席。他事后回忆说："本来有个内部文件，但是一不小心不知道怎么路透社搞到了，他们就把这个公开了，公开了以后，股民一瞧，政府对资本市场有了这么些个支持的政策，这信心就来了。"

那么，怎么来书写"5·19"行情的历史呢？

不管怎么说，"5·19"行情让机构和个人投资者都得到了实惠，股市上涨带来的巨大财富效应开始显现。

股市上涨，股民得到实惠

　　而且如果刨除掉政策的短期效应后你会发现，国家从政策上支持股市，股市为国企改制提供了资金，行情的上涨又让投资者取得了回报，这些在理论上都是站得住脚的，而且也经得住时间的考验。

31

国泰与君安

1999年8月18日，在中国人眼里是个与发财相关的吉利日子，这一天，在内地券商当中，出现了一个新组合——国泰君安。

国泰证券，是内地券商的"国"字号，它的发起人是建设银行，1992年9月23日正式成立，注册资本10个亿，财大气粗、规模庞大。

君安证券是"地方部队"，它比国泰晚成立一个月，注册资本只有1个多亿，是个小个子。但是可不要小看这个小个子，跑得极快，没几年就在业内混出了很大的名头。

1997年君安证券在交易额、总资产、净利润等七项指标上，都排在深圳证券机构的第一位。在1996~1997年大牛市中，君安证券在四川长虹一只股票身上就大赚了40亿元。同时，也赚得"股市第一强庄"的名号。

君安的张国庆与万国的管金生、申银的阚治东并称当时中国股市的"三大教父"。

一般来说，跑得太快，只有两种结果：第一跑不远，第二容易栽跟头。

1998年，股权私有化就断送了君安的前程。

1998年9月，张国庆也以虚假注资和非法套汇等罪名被判刑4年。

君安与国泰合并后，成为当时内地最大的券商，注册资本37.3亿元，总资产超过了300亿元

1999年8月18日，君安与国泰证券合并。

行政合并是完成了，但是，这哥俩儿的文化底蕴完全不同，内部怎么调整？人事怎么安排？全都是难题。

时任中国证券监督管理委员会主席的周正庆回忆说："完全打破资历或者后门，完全按群众意见。最后证监会党委集体讨论，总经理党委书记是领导上派的，最后任命四个副总，还有监事会的，是通过群众充分酝酿提出来的。"

到2009年国泰君安的资产规模已经超过了1017亿，增长207%。2010年7月8日，国泰君安国际控股公司在香港主板上市，代码1788，彩头不错。正如国泰君安总经理陈耿所说，国泰君安国际是一个沟通国内外的平台，可以让更多的国外投资者通过这些平台进入国内，也让国内的投资者通过这个平台走出去。在QDII、QFII这两个双向扩容过程中，香港这个平台是很关键的，应该是对国内业

国泰君安证券股份有限公司创立大会暨第一次股东大会

这是国泰君安的第一次股东大会。主席台上左手第二位就是姚刚，他担任国泰君安总裁的时候，只有36岁。当时，在主席台的下边，一边坐着国泰的股东，另一边坐着君安的股东，泾渭分明

务有很大的带动作用。

说来也巧，那个时代还出现过一个组合——"申银万国"。这两个组合都是激进者先出名，但最终被稳健者所合并，或许这是时代使然。

现在回过头看，国(泰)君(安)也好、申(银)万(国)也好，这两个组合所采用的合并的方式，实现了激进与稳健的双赢。

这就是证券市场，它不是百米冲刺，它是马拉松。

QDII/QFII

QDII，即合格境内机构投资者（Qualified Domestic Institutional Investors）是与QFII（合格境外机构投资者Qualified Foreign In-stitutional Investors）相对应的一种投资制度，是指在资本项目未完全

开放的情况下，允许政府所认可的境内金融投资机构到境外资本市场投资的机制。

　　QFII即"合格境外机构投资者"。QFII制度是指允许经核准的合格境外机构投资者，在一定规定和限制下汇入一定额度的外汇资金，并转换为当地货币，通过严格监管的专门账户投资当地证券市场，其资本利得、股息等经审核后可转为外汇汇出的一种市场开放模式。

　　QDII是国内投资者向境外资本市场投资，而QFII是合格境外投资者来我国内资本市场投资。这个制度主要与我国实行资本管制有关。

第六章

揭开黑幕

　　在股市这个大市场当中，还有"亿安"、"苏三山"、"庄家吕梁"、"红光"、"琼民源"们，他们都穿着马甲，不大好辨认。

32

冰与火 中国股市记忆

2001年最大的事就是美国"9·11"事件，两栋摩天大楼轰然倒塌。谁干的？恐怖分子干的。

同一年，在中国股市上唯一的百元股也是轰然倒塌，谁干的？

亿安科技董事局主席罗成干的。

亿安科技的前身叫做深锦兴，因为大股东欠钱不还，被广东亿安科技集团给重组了，亿安科技的老板就是罗成。

罗成早年在珠海做电子企业起家，1995年在广州组建亿安集团，主要从事交通基建。重组之后的亿安科技，主营业务非常杂乱，而且也不赚什么钱。

由于亿安集团的基建主业投资长、回报慢，债务和资金流的压力加大。于是，他们想到了炒股。

1998年10月，罗成通过集团控股的多家公司拨出18亿元，又

罗成一手导演了亿安科技的百元噩梦，至今下落不明

158

通过股票质押融资19亿元，利用700多个账户，分布54家证券营业部，炒作"亿安科技"股票。

1998年，"亿安科技"股东人数是29080人，到1999年8月降到3000人，一年时间，控盘流通股超过80%，成为超级大庄家。

超级大庄股的结果就是亿安科技的股价开始出现了"天天向上，步步为赢"的走势。

中国股市创立之初曾有过百元股，后来经过1991年、1992年大规模反复拆细之后，百元股基本上消失了，但到了2000年2月15日，"亿安科技"收盘104.88元，百元股的奇迹又出现了。

当时亿安科技的主业电动车的年产值仅有3亿元人民币，这个数值对一家上市公司来说，应该既不算少，也不算多，但是对于亿安科技100多元的股价来说，毕竟还是高出许多。

亿安科技股价超过百元之后的第五天，一向不显山不露水的亿安集团的董事局主席罗成偕集团副总裁和亿安科技的总经理一行在北京亮相。

几位公司高管都方向一致大谈亿安科技拥有绝对优势的核心技术，而竭力回避对亿安科技的股价进行评价，即使不得不谈到，也

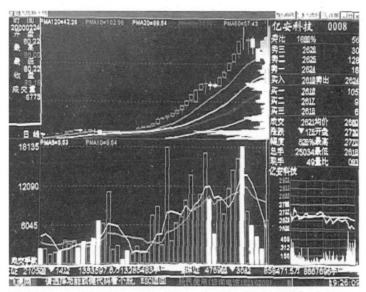

亿安科技股价曾经突破100元，但最终又回到20多元

好比打太极，让你自己琢磨去吧。

"出来混的，总是要还的"。

"亿安科技"在最高冲到126元之后，便义无反顾地走上了不归路。11个月后，股价跌到25元左右，与高点相比，整整跌去100元。

2001年1月10日，证监会宣布对"亿安科技"股票主要账户进行监控， 开始对亿安科技股价操纵案进行调查，同年7~9月，亿安集团副总兼财务总监李鸿清等5人被刑事拘留。两年后，以操纵证券交易价格罪获刑3年6个月到2年3个月。

而罪魁祸首、亿安科技董事局主席罗成，下落不明，神秘消失。

此后一直到2007年的1月15号，茅台股份依靠强劲的业绩支撑，股价达到了100块，真假百元股的轮回整整用了7年的时间。

33

退 市

　　在市场上，一家企业兴盛，然后衰败，这很正常，反映在证券市场上有上市，就应该有公司退市才对。但是中国股市成立8年之内，有无数的公司亏损，但没有一家公司退市，一直到1998年"苏三山退市案"出现了。

　　1998年4月苏三山公布1997年年报的时候，突然将一笔利润由2000.33万元调整为18.93万元，落差达到了100倍，原因是这2000万元利润由于在转口香港过程中信用证遭拒而没有实现。深圳中华会计师事务所出具了保留意见。

　　这样一来苏三山连续三年亏损，最终走上了绝路。

　　1998年8月的时候，深圳证券交易所向中国证监会递交了一个请示，就是关于暂停ST苏三山股票上市的请示，一个月之后经中国证监会核准，ST苏三山的股票成为沪深股市第一家被暂停上市的上市公司。

　　在退市潮中，有一家公司退市的呼声最高，轰动最大，但最终却没有退市，它就是郑百文。

　　郑百文的前身是一个国有百货文化用品批发站。1996年4月，郑百文成为郑州市的第一家上市企业和河南省首家商业上市公司。

　　上市后，郑百文红极一时，成为当地企业界耀眼的改革新星和率先建立现代企业制度的典型，各种荣誉纷至沓来。然而，在被推举为改革典型的第二年，也就是1998年，郑百文就在中国股市创下

全宗号	保管期限	年 度	件 号
	长 期	1998	619

深圳证券交易所

深证发[1998] 216 号

关于暂停"ST 苏三山"股票上市的请示

中国证监会：

　　根据江苏三山实业股份有限公司(以下简称"苏三山")1998 年中期报告和深圳中华会计师事务所出具的"中审报字[1998]第 D007 号"审计报告，苏三山在本报告期内对发生于 1997 年的一笔销售手续不完善的收入，通过调减 98 年年初未分配利润，将该项业务所产生的利润由 2000.33 万元调整到 18.93 万元，调减了 1981.4 万元。而根据苏三山 1997 年年度报告，该公司 97 年净利润为 579.32 万元，根据《股份有限公司会计制度》对"以前年度损益调整"的有关规定，上述调整事项应调减公司 97 年净利润数，因而，苏三山 97 年净利润经调整后实际应为 -1021.62 万元。此

苏三山是沪深股市第一家被暂停上市的公司，证券代码为000518。大股东一年一换，1998年被暂停上市，当年10月，振新毛纺入主。之后，历经"PT苏三山"、"PT振新"、"ST振新"、"振新股份"、现在叫"四环生物"

　　外，苏三山 95 年净利润为 -1429.38 万元，96 年净利润为 -2862.69 万元。

　　根据《公司法》第一百五十七条、《深圳证券交易所股票上市规则》第 10.1 条、10.4 条的规定，本所认为，苏三山已出现最近三年连续亏损，应暂停"ST 苏三山"股票上市。

　　妥否，请批示。

一九九八年八月三十日

抄送：本所总经理室

打字：张晓芳　　　　　　　　　校对：王红
深圳证券交易所　　　　　　　一九九八年八月三十日印发

　　正襟危坐，稍显清瘦的面庞上透着一丝忠厚与慈祥，这幅工作照的主人是郑州百文董事长李福乾。靠百货文化用品批发站起家，一跃成为改革明星企业。然而，郑百文在批发文化用品的同时，也批发着"亏损"。上市第三年亏损9.8亿元，创沪深两市年度亏损之最，结果被银行起诉，成为中国股市第一家由债权人提出破产起诉的上市公司。李福乾承担了相关的司法责任

每股净亏2.54元的最高纪录，而上一年它还宣称每股盈利0.448元。1999年，郑百文一年亏掉人民币9.8亿元，再创上海和深圳股市亏损之最。

　　新华社的一个记者写了一篇报道，叫《郑州百文，假典型巨额亏空的背后》，说的就是这事。

　　在短短三年的时间里，郑百文利润翻番，搭建全国销售网络的神话就破灭了。至此，这个曾备受广大股民追捧的"明星"，以"有效资产不足6亿元，亏损超过15亿元，拖欠银行债务高达25亿元"、"中国第一家由债权人提出破产起诉的上市公司"成为股市引人注目的反面典型。

　　郑百文的巨额亏损披露出来之后，公司的负责人也承担了相关的司法责任。到2000年的时候，郑百文最大的债权人信达公司，开

中国证监会指定披露上市公司信息报纸

证券时报社出版 国内外公开发行

国内统一刊号 CN44—0157
邮发代号：45－91
第2218期
今日二十四版

2001年4月
24
星期二

网址：http://www.p5w.net

SECURITIES TIMES

《信托法》草案

PT 水仙成首家退市公司

中国证监会新闻发言人就此发表谈话：退市不等于破产解散；退市后如没破产，公司可与特定证券公司协商，为其股份提供合法转让服务；其他 PT 公司必须拿出切实可行扭亏办法，否则也将依法退市

水仙电器退市的时候，上证所已经成立了11年

　　始向郑州中级人民法院递交申请，申请郑百文破产还债，那退市就是顺理成章了。

　　但就在这个当口，山东三联集团跳了出来，说要花大价钱重组郑百文，但实际上这个时候郑百文是生是死还是一个悬念。

　　郑百文几经波折之后，变成了后来的三联商社，也就是说这家公司也不是完全退市的，一直到2001年4月，沪深股市才有了第一家完全退市的上市公司，它是上海的水仙电器。而这个时候距上证所成立已经有11年。

　　历史的演进过程真的是非常复杂，有很多因素都在左右它的方向，这其中最基本的一个因素就是时间。

34

券商生死录

冯小刚的电影《大腕》给大家伙冷幽默了一把，里面的男主角为了给一个大牌导演做葬礼，差点被逼疯了，最终还进了精神病院，要说这导演的腕是够大的。

在2003年之前股市里面的大腕就是券商了，其中一些大牌券商的葬礼比起电影来，那可惊心动魄多了，其代价也更加惊人。

新中国最早的证券公司出现在特区。1987年9月，由12家国有银行等金融机构投资设立了"深圳经济特区证券公司"，这是我国第一家专业证券公司。

1990年以后，由于沪深交易所相继创立，券商开始多起来。

1992年9月，四大银行中的工行、建行和农行分别发起成立了华夏、国泰和南方证券公司，注册资本金各为10亿元，并列成为三大全国性证券公司。

其后，政策调整促使证券行业展开了兼并和重组，在这一进程中，一些券商的内部治理和风险控制的缺陷逐步暴露出来。而2001年下半年开始的股市大跌成为了导火索。

自营坐庄容易让券商陷入豪赌，在今天来看这是很清晰的一个事实，但在若干年前，券商不这么看。事实上大多数券商陷入困境的原因都是在自营业务上坐庄失败，以及由此而产生的一系列连锁恶性循环。

作为国内三大券商之一的华夏证券，就倒在了几只重仓的股票上。

太极集团是华夏证券的重仓股之一，2000年的时候，华夏证券在十六七元钱的价位开始买进太极集团，买了900万股，然后这只股票就不断地上涨。到2002年6月的时候，太极集团到了37.99元。奇怪的是华夏证券从来没有获利离场，而是不断地加仓，一直加到了1196万股。到2003年市场不景气的时候，股价开始下跌，跌到18块钱的时候，华夏证券在太极集团上的损失已经过半了。

华夏证券，倒在了自营的几只重仓股上

当时除了像华夏证券这样理直气壮地坐庄炒股之外，挪用客户保证金的现象更是司空见惯。据时任中国证监会主席的周正庆说，当时证券公司公然挪用客户保证金，而且金额都不少，加在一起有1000多亿。

再看看当时三大券商之一的另一家——南方证券。正是它造成了中国证券史上最大的一宗损失。南方证券挪用客户保证金超过80个亿，国债欠库和透支超过100个亿，委托理财的损失超过30个亿，总计加起来超过200个亿。

现在回想起来，那个时候券商非法搞钱就像比赛一样，鞍山证券私自发行高息债券

南方证券造成了中国证券史上最大的一宗损失

俗话说，家贼难防。挪用客户保证金，在当时是司空见惯的事。英气威武的保安，守得住证券公司的大门，守不住客户账户里的钱

151个亿，闽发证券最终损失超过90个亿，小小的汉唐证券挪用客户保证金超过24个亿，一个比一个胆大。

35

这个故事要讲的是一个神秘人物——中国股市上坐庄的典型吕梁。

这是庄家吕梁为数不多的照片之一

吕梁是个文化人，早年发表过中篇小说。1996年开始做投资，1998年的时候在深圳认识了炒股大户朱焕良。朱焕良因在股市低迷时低价大量吃进万科股票而发大财，并作为小股东代表进入万科董事会。1997年，朱焕良炒作以养鸡为主业的"康达尔"股票，控制了90％的流通股，但是被套住了，他向从北京来的"吕老师"求援。

吕梁答应合作，接走朱焕良一半仓位，但是要朱焕良承诺剩下的一半仓位5年内不得减持。朱焕良也答应了。1999年，吕梁接过公司的控股权之后，把康达尔改名叫做中科创业，在随后的两年时间里，吕梁以"中科创业"为支架，介入中西药业、鲁银投资等5家上市公司的股权，编织起

炒股这点儿事本来很简单，却偏偏出些"恶庄"，欺市盗钱，以至于闹上法庭。弱小的普通投资者，钱被"恶庄"洗走了，还要瞪大眼睛读报，认真寻找"恶庄"行恶的证据

"中科系"。吕梁在圈内人气爆棚，信服吕梁、紧跟吕梁的机构和大户越来越多。

"5·19"行情中，吕梁的股票狂涨，2000年2月，"中科创业"股价冲上80元，市值62亿，翻了6番。2月18日吕梁结婚，他命令交易员把该股收盘价做成72.88元，讨彩头为"妻儿发发"。

在这个时候，吕梁和朱焕良之间的协议开始变味了，承诺5年不减持中科股票的朱焕良，此时开始偷偷卖出自己那份股票，继而疯狂出货。

2000年12月25日，"中科创业"股票突然大幅跳水。下午一开盘，该股就被6000多万股卖单死死封在跌停板上，此后"中科创业"股价崩盘，创造了连续10个跌停板的市场纪录，朱焕良变现十几亿元外逃。

其后，5只"中科系"股票也随之大跌，吕梁的中科系轰然倒塌，这被称为"中科系事件"。

在当年的庭审上，有一名吕梁的部下非常引人注目，他叫丁福根，据说原来他是一头黑发，一夜白头。事发之后，

2001年1月10日，证监会宣布对这起事件进行查处。

令人大跌眼镜的是，"查处令"刚公布，在北京机构中名望极高，而在散户中鲜为人知的吕梁，出现在媒体面前。他主动约见记者，陈述"中科系"坐庄内幕，并写了一篇1.8万字的自述。够神的吧，更神的还在后面。

中科案爆发之后，被检查机关送上法庭的，都只是庄家吕梁的部下，而吕梁本人在控诉了朱焕良的背信弃义之后，在监视居住的情况下，居然神秘地消失了，至今杳无音信。

2003年4月，以丁福根为首的吕梁的七个部下，被北京市二中院判处2年零2个月至4年有期徒刑。

当年的中科创业早就改回了自己的名字——康达尔，因为中科案被判刑的丁福根等人也早已刑满释放，这个案子算是告一段落了。但是也有人说，在当年北京二中院的这个法庭上，最应该受审的那个人并没有出现。

36

红光骗术

冰
与
火

中
国
股
市
记
忆

　　《哈利·波特》的第一部《哈利·波特与魔法石》出版于1997年，从那时候起，这个小魔法师与伏地魔之间的正邪之战，就吸引了无数人的目光。也就是在这一年，有一家来自四川成都的上市公司，在上海证券交易所挂牌交易，股票简称"红光实业"。恐怕当时没有人会想到，这个红光实业竟然是中国股市当中，最大的伏地魔之一。

红光实业成立于1992年，1997年公开发行股票。它在招股说明书中预计，公司1997年度全年净利润7055万元，每股税后利润0.35元。要知道，在当年的经济环境下，这可是一个非常不错的业绩。所以，红光顺利发行了7000万股，从股市中拿走了4个多亿。

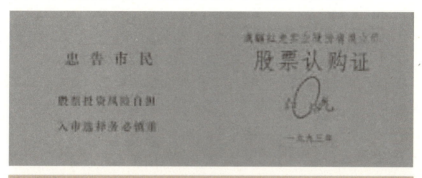

这是1993年红光实业发行的股票认购证，红光一片，很吉利。上面有三行字："忠告市民、股票投资风险自担、入市选择务必慎重"，多么讽刺啊

然而，好景不长，随着年报披露期的来临，红光的业绩突然变脸，年度亏损1.98亿，每股亏损0.86元。当年上市、当年亏损，红光开创了中国股市的先河。于是，市场愤怒了、审批机构尴尬了，证监会开始调查了。

红光从股市里拿走了4个多亿的资金，但是只建了这个只有框架的破厂房

原红光实业股份有限公司董事长李铁锤说：“红光其实已经死几次了，这是最后一次彻底的死了。”

证监会调查的结论是：一个地地道道的造假上市，是一场多个机构的欺诈合谋。在红光的申报材料中，1996年度赢利5000万元，实际上亏损1.3亿元。

1998年11月20日，中国证监会公布处罚通报。没收红光公司非法所得450万元并处罚100万元；认定主要负责人为市场禁入者。同时，对上市推荐人国泰证券公司和成都证券公司、主承销商中兴信托、审计机构成都蜀都会计师事务所等均给予没收非法所得和罚款处罚。“红光案”牵扯了众多机构与个人。

2000年1月5日，红光实业被公诉；同年12月14日，也就是证监会公布处罚通报两年后，红光实业被成都中级人民法院判决“欺诈发行股票罪”成立，判罚金100万元，主要负责人何行毅等4人判处3年以下徒刑。

时至今日，红光这个“伏地魔”，在我们这个市场里，创造了很多的第一：第一个当年上市、当年亏损的公司；第一个被追究刑事责任的公司；同时，它还是第一个被中小投资者告上法庭的公司。

37

琼民源骗局

　　1998年最火的一部电影，就是冯小刚执导的《不见不散》，片子里面主要情节是说每次女主角碰到男主角的时候，准倒大霉。1998年这一年中国股市也有一样的故事，谁手里要是有琼民源的股票，那也算倒了大霉。

　　"琼民源"，全称海南民源现代农业发展股份有限公司，曾经是中国股市1996年最耀眼的"大黑马"之一。

　　1996年上半年，在深发展"价值回归"的示范效应下，几乎

琼民源股票

每只股票都无一例外地从低谷走了出来。此后一段时期，市场炒作题材似乎一时进入了真空，市场急欲寻找一个同样能激发人气的新

1997年2月28日，琼民源在海口召开股东大会

"龙头"。炒作资金在处心积虑编织各种概念的同时，也在不遗余力地寻找着资质尚可的"黑马"。他们找到了"琼民源"。

1993年琼民源在深圳上市，1995年的时候，它半年的收益还不到1厘钱，但是到了1996年它的每股收益达到了0.227元，增长了827倍。与此同时它的股票也是暴涨，1996年一年它的股票上涨了1059%，简单说就是涨了10倍。

琼民源公司的业绩大涨，靠的是什么呢？是真实的吗？

年报显示，琼民源1996年利润总额高达5.71亿元，但其主营业务收入仅为1.67亿元，主营业务利润只有39.1万元。琼民源的利润大头，是4.41亿元的其他业务利润和1.01亿元的营业外收入。

但是很少有人查问琼民源的这两笔巨额利润是怎么回事。

1997年2月28日，琼民源将在海口召开股东大会，审议1996年的分红送配方案，照例这时候必有一波抢权行情，是盘货的好时机。

2月28日，琼民源跳高开盘后就大幅震荡，这一天琼民源创出了成交天量，换手率高达30%，成交金额达13.25亿元，占当日深市成交金额的13.2%。

当晚，琼民源被停牌的消息正式公布。

事后调查结果显示，琼民源公司1996年的利润总计有6.7亿元，其中6.66亿是虚假的，它真实的利润只有区区的500万，同时它还虚增了6.57亿的资本公积金用来送配，配合炒作。原来又是一个弥天骗局。

"琼民源"事件使10万余名"琼民源"股东成为股市一幕幕场景的无奈看客。他们当中，几乎所有的人都经历了期望、祈望、失望、无望的精神熬炼过程

1998年6月10日，"琼民源"董事长马玉和（右）等在北京市第一中级人民法院受审

琼民源这家公司既虚增业绩，又炒作股票，而且还有虚假宣传，称得上是五毒俱全，从1997年起它的股票被无限期停止交易。

问题在于它停牌的时候，公司有超过10万余名的股东。

"琼民源"事件使10万余名"琼民源"股东成为股市一幕幕场景的无奈看客。他们当中，几乎所有的人都经历了期望、祈望、失望、无望的精神熬炼过程。

有人统计过，在S延边公路停牌之前，被停止交易时间最长的股票就是琼民源了。

最终，琼民源公司并没有完全退市，它变身成了中关村建设，在中关村重组琼民源的过程当中，又牵扯到了另外一位江湖的枭雄，他就是鼎鼎大名的黄光裕。由于这段故事现在并没有结尾，所以它只能属于未来中国股市的20年。

38

兰州证券黑市

2000年央视春晚上赵本山和宋丹丹的一个小品《钟点工》，创造了一句当年最风行的台词：穿上马甲我就不认识你了？

在现实生活当中，有些人，有些事，当他穿上马甲之后，我们还真不见得就能认出来。比如当年曾经造成上万人上当受骗的一桩大案——兰州证券黑市。

2001年2月，兰州春节的喜庆气氛还没有消退，一场轰动全国的系列金融集资诈骗案的黑幕渐渐揭开。

那么，这个兰州黑市到底有多黑呢？

模拟股票交易，假报单，假成交，真诈骗；控制交易时间和交易价格进行诈骗；通过所谓的"经

兰州证券黑市涉及非法公司达15家，涉及受骗群众1300多人，涉案资金7366万元，损失3935万元

2000年6月份，胡先生买了6000股的东方航空。表面上来看好像没什么问题，但实际上他花了3万多块钱，东方航空的股票跟他一点儿关系都没有，因为他的单子根本就没有进入交易系统

纪人"拉客户，以赠送电脑、减免手续费、提供免费午餐为诱饵，这样的免费午餐不知道使多少家庭倾家荡产。

一位当年的受骗者说："我只要把单子一填，那边送到保价台上面很快就成交了，连个磕巴都不打，然后把单子送到那边以后，回来我就看电脑，看我这1万股到底卖出去没有，这1万股在电脑上根本没有任何显示，而那边通知我已经卖掉了。"

2005年1月10日，"兰州证券黑市"诈骗案主犯之一王成被一审判处死刑

单子是假的，所谓的"证券交易系统"也完全是虚假的，他们在电脑中安装虚拟股票交易系统，有的是从卫星上接收相关数据之后，再进行各种违法操作。其实，一些市民通过同电视上和报纸上的有关资料一比对，就很容易发现破绽。

这起震惊全国的"兰州集资诈骗系列案" 共涉及了14个案件，案件被揭露后，当地政府为此展开了全省性的专项打击证券黑市斗争。紧接着，全国26个城市也开始整顿清理了数百家黑证券市场。"兰州证券诈骗案"成为了2001年"全国经济秩序整顿第一大案"。

应该说现在这种大张旗鼓、明目张胆地骗人的把戏，已经不大可能再出现，但是在这个市场当中，黑心的人、黑心的公司还是有的，只不过他们穿着马甲不大好辨认。要想不掉入陷阱，我们的股民还真需要练就一双"慧眼"。

39

"瑰断"蓝田

　　"2002年1月23日就是你的死期,你死了我给你烧一炷香。不,三炷香三炷香……将死之人难免胡言乱语……你应该把她的肠子从肚子里拉出来,然后在她脖子上绕几圈,再用力一拉,整个世界都安静了,临死前,她吐出收别人的100块黑钱,全是一元硬币。"

　　2003年初,刘姝威被评为中央电视台"2002年经济年度人物"和"感动中国2002年度人物"。颁奖词称,"她是那个在童话里说'皇帝没穿衣服'的孩子,一句真话险些给她惹来杀身之祸。她对社会的关爱与坚持真理的风骨,体现了知识分子的本分、独立、良知与韧性"

当时蓝田股份最动听的故事之一就是鱼鸭养殖每亩产值高达3万元，而同样是在湖北以养殖为主业的上市公司"武昌鱼"，每亩产值还不足1000元

　　多么令人悚然的一段话，这不是电视剧在演黑社会，这是2002年1月的某天晚上发出的一封恐吓邮件。在北京，1月很冷，而比天气更让人不寒而栗的是这种疯狂的仇恨。如果不是有着不共戴天之仇，没人会想出如此歹毒、如此邪恶的语言。

　　写信的人是谁，已无人查证。收信的人，是一位柔弱的女子，中央财经大学的研究员刘姝威。

　　一个弱女子到底得罪了什么人呢？蓝田股份。

　　1996年6月18日，以养殖、旅游和饮料为主的蓝田股份，作为农业部首家推荐上市的企业，发行上市。以后它在财务数字上一直保持着神奇的增长速度：总资产规模从上市前的2.66亿元发展到2000年末的28.38亿元，增长了9倍，5年间股本扩张了360%，创造了一个中国股市长盛不衰的绩优神话。

　　然而刘姝威挑破了这个神话。

　　2001年10月9日起，刘姝威开始对蓝田的财务报告进行分析，

应立即停止对蓝田股份发放贷款

最近，在详细分析湖北蓝田股份有限公司（股票简称：蓝田股份，股票代码：600709）历年财务报告和其他有关资料后，我发现，蓝田股份已经成为一个空壳，已经没有任何创造现金流量的能力，也没有收入来源。实际上，蓝田股份已经成为中国蓝田总公司的提款机。而中国蓝田总公司也没有任何创造现金流量的能力，也没有收入来源。蓝田股份完全依靠银行的贷款维持运转，而且用拆西墙补东墙的办法，支付银行利息。只要银行减少对蓝田股份的贷款，蓝田股

这是2001年第16期的《金融内参》。它刊登了刘姝威的短文《应立即停止对蓝田股份发放贷款》。《金融内参》的报送范围仅限于中央金融工委、人民银行总行和有关司局级的领导，这期一共印了180份

瞿兆玉，蓝田股份前董事长。
2004年11月，瞿兆玉被判处有期徒刑两年。刑满出狱后，2008年10月20日，瞿兆玉因为农业部孙鹤龄行贿受贿一案，北京市第二中级人民法院以单位行贿罪，判处瞿兆玉3年有期徒刑，缓刑4年。瞿兆玉没有提起上诉，2008年该判决10月21日零时生效

并写了一篇600字的短文发表在2001年第16期的《金融内参》上，题目叫"应立即停止对蓝田股份发放贷款"。

在这篇短文中，刘姝威对蓝田的财务报告提出质疑，对银行风险提出了警示性意见。

她的结论是蓝田已经没有创造现金流量的能力了，它完全是在依靠银行的贷款在维持生存，这是非常危险的，对蓝田危险，对银行更危险。

随后，各家银行纷纷停止了对蓝田股份的贷款，蓝田的资金链开始断裂，股价一路下跌。

而在此之前，证监会已经开始对蓝田进行调查。

事后查明，蓝田从上市之初的申报材料，到以后每年的财务报

冰与火 中国股市记忆

告，全都涉及造假。他们不但套牢了十几亿的银行贷款，而且在二级市场上"蒸发"掉了超过25亿的流通市值，商业银行和中小投资者成为蓝田最大的受害者。

2002年1月23日，没有成为刘姝威的"死期"，反倒传来了瞿兆玉被捕的消息。2004年11月，瞿兆玉被判处有期徒刑两年，2005年1月，刑满出狱。2008年10月20日，瞿兆玉因为农业部孙鹤龄行贿受贿一案，被再度判刑。

1996年上市之后，蓝田股份曾经花巨资在全国主要媒体上打造"中国农业第一股"的品牌形象，获得了大量的追捧。而这一切，随着退市，烟消云散……

40

银广夏塌了

在2001年的中国股市中，有一个词曾经十分流行，叫"打造新蓝筹"。而所谓"新蓝筹"标志性的代表，就是"银广夏"。

银广夏全称为广夏（银川）实业股份有限公司，1994年6月上市，曾经因为它骄人的业绩和诱人的前景，受到市场的广泛推崇，被称为"中国第一蓝筹股"。

为什么这么牛？

主要是两样东西，一个是"麻黄草"。

绿绿的麻黄草堆得再高，也撑不起大玩"萃取"的银广夏的空架子。自己对植物萃取技术一窍不通，却假造进口文件，打造出德国技术，使自己披上高科技蓝筹的外衣。银广夏真的很不"德国"

银广夏的萃取基地

另外一个，就是银广夏从不示人，但被吹嘘得神乎其神的"萃取"。

此外，还有一个，就是银广夏一直在努力，但最终并未形成气候的"贺兰山"干红葡萄酒。

不过，它给人印象最深的，还是它在二级市场上的表现，相当惊人。从1999年12月份到2000年的年底，一年的时间，它的股价上涨了440%，相比"5·19"行情之前，上涨了8倍多，全年涨幅高居深沪两市第二。

然而这一切，在2001年8月终结了。《财经》杂志发表一篇题为"银广夏陷阱"的封面文章，将其从神坛打入了地狱。

根据《财经》杂志的调查，自1998年至2001年期间，银广夏累计虚增利润超过了7.7亿元，从原料购进到生产、销售、出口等环节，银广夏公司伪造了全部单据，包括销售合同和发票、银行票据、海关出口报关单和所得税免税文件。

也就是说，从大宗萃取产品出口，到银广夏利润猛增，到股价离谱上涨，这是一场彻头彻尾的骗局。

2001年8月9日，银广夏停牌30天。9月10日银广夏复牌，到10

2001年8月，《财经》封面文章"银广夏陷阱"

月8日的15个交易日里连续跌停，股价从30.79元一路狂泻到6.35元，市值蒸发67.96亿元。

银广夏从天堂被打入地狱。

2001年9月，因涉及银广夏利润造假案，深圳中天勤会计师事务所解体，银广夏相关人员被判刑。在这之后，中小投资者开始状告银广夏。

坦率地讲，在所有倒下的上市公司当中，银广夏是让人最为扼腕叹息的公司。即便是你知道了银广夏造假的真相，但你依然会被广夏人在沙漠里所付出的努力所打动。

离开银川市区，一条笔直的穿沙公路伸向远方，公路的尽头就是银广夏的麻黄草基地。漫漫黄沙当中，一大片绿油油的麻黄草。

造假，断送了银广夏普通员工真真实实的心血付出，也断送了投资者对"新蓝筹"的信心。不应该。

天津广厦厂房

这是银川市中级人民法院的工作人员在帮助投资者审查诉讼材料

41

泰港：危险的游戏

民间常说：手套换兜子，是指用小东西换来大东西的一种比喻，这应是经商者必有的信条。但是，有一些上市公司，就干出了"兜子换手套"的蠢事。

2001年11月，穷困潦倒中的中辽国际，遇到了一位"大贵人"

"大贵人"介绍他们自己有50亿资产，不但无偿赠送中辽国际一笔价值1.1亿元的资产，同时还将自己所属的大香格里拉旅游公司的股权，置换给了中辽国际。这让中辽国际的董事长王新权感觉"大贵人"的实力真的不一般。

要知道，当时中辽国际已是连续亏损，形同乞丐，一下子遇到这么一个大贵人，它感觉，自己找到了一个好人家。

感觉找到好人家的，不仅仅是中辽国际，还有当时已经被戴上

ST帽子的长江包装。

2000年年初，ST包装也获得一个大贵人的无偿赠送，赠送价值1.89亿元。凭借这份赠送，长江包装一举扭亏。每股收益0.264元、每股净资产2.74元，增长45倍。成功摘帽。

实际上，这两家企业遇到的贵人是同一个，就是它，四川泰港集团。

长江包装

除了中辽国际、长江包装之外，它还试图迎娶过凯地丝绸。

那么，这个财大气粗的大贵人到底是一家什么样的企业呢？

四川泰港集团是当时四川省34户民营企业之一，创始人刘邦成。

1995年，刘邦成组成四川泰港实业(集团)公司，主业为养殖，但泰港真正扬名是在资本市场上的"活跃"。

2000年，泰港介入重组长江包装。

当时担任泰港重组长江控股财务顾问的华西证券的相关人士说："很难想象泰港能有什么办法，泰港的现金流十分糟糕。"

凯地丝绸

四川泰港集团虽然有40多家下属企业，但没有大块的优良资产用来重组长江包装。

于是，刘邦成开始玩起土地"游戏"。

泰港企业

2000年，泰港集团用171万，获得了一块1000亩土地的使用权。7天之后，这块土地的评估价就达到了2300万，又过了4天，这块土地的评估价赫然变成了9900万，也就是11天的时间，171万就变成了9900万。这事就连当地国土局的人一听，都觉得可笑。

泰港这贵人并不白当，它用虚增的4个多亿，置换那些公司的不良资产，一举实现业绩狂飙。刘邦成又在业绩"利好"公布前，调用泰港公司资金吃进这些公司股票，窃取股权，获利近千万元。泰港还以这些公司做担保，从银行拿走了1.7亿，再加上在二级市场炒作的收益，泰港获得的好处，难以估量。

原来，泰港集团并非什么贵人，而是恶人，大大的恶人。

2003年10月24日，成都市中级人民法院以合同诈骗罪、内幕交易罪判处泰港集团1970万元罚金，判处刘邦成有期徒刑15年。

恶人的结局就四个字：落花流水。

ST

ST是英文Special Treatment缩写，意即"特别处理"。沪深证券交易所在1998年4月22日宣布，根据1998年实施的股票上市规则，将对财务状况或其他状况出现异常的上市公司的股票交易进行特别处理。而ST股就是指境内上市公司连续两年亏损，被进行特别处理的股票。

第七章

监管风暴

　　一场有关中国股市是不是赌场的争论，风生水起。

　　一场监管风暴随着史美伦来了。

　　一个天下大庄德隆倒了。

　　一批黑嘴。

　　……

42 与"赌"有关的争论

2001年,台湾歌手周杰伦发行了第二张专辑《范特西》,其中最爱被人哼哈的,就是那首《双截棍》。在好长一段时间里,到处都可以听到"哼哼哈嘿、飞檐走壁、风生水起"这样的歌声。

就在这一年,一场有关中国股市是不是赌场的争论,同样也是"哼哼哈嘿、风生水起"。

吴敬琏是市场经济的启蒙者,人称"吴市场"。90年代,他已是中国最有影响力的经济学家之一。2000年和2001年,他两次当选中央电视台年度经济人物,被称为"中国经济学家的良心"

争论的一方是经济学家吴敬琏,时任国务院发展研究中心研究员、中国社会科学院研究员。

争论的另一方是以厉以宁、董辅礽、肖灼基、吴晓求、韩志国为代表的几位经济学家。

这场争论围绕三个问题来展开。

第一,争论的背景是什么?

一句话,不规范的股市出了一些让人难以接受的问题,比如

在"赌场论"的争论中，吴敬琏的五位主要对手：厉以宁、董辅礽、肖灼基、吴晓求、韩志国

《基金黑幕》暴露了机构投资者的问题，而中科创业、亿安科技则暴露了上市公司造假、庄家操纵市场等问题。

第二，争论的焦点是什么？

吴敬琏的观点包含了三个意思：一是"中国股市是个赌场"，二是"全民炒股是不正常的现象"，三是"市盈率过高"。总之，一句话，中国股市不规范。

这是当年一位普通投资者在关注这场争论的进展

那么，五位教授的观点又是什么呢？

2001年2月11日下午，五位经济学家在北京召开"恳谈会"，吸引了大批记者参加，会议持续了3个小时，气氛严峻激烈，目标只有一个——批判吴敬琏的股市言论。

实际上，这场争论并非仅仅局限于经济学家层面，老百姓也在听在看在想在论。

当年有过一个网络调查，有高达73％的人认为，中国股市是一个赌场。

这应该能代表老百姓的感觉。

第三，争论的本质到底是什么？

同样是一句话：中国股市是应该先规范、后发展，还是应该在发展中规范、在规范中发展？

从今天的情况来看，规范和发展，就像双截棍的两端，缺了哪一头，都会让双截棍变成烧火棍。

43

监管风暴

　　2001年春节联欢晚会上，赵本山、范伟和高秀敏合演的一个小品《卖拐》，直到今天依然是各大电视台重播率最高的小品之一。它那寓言式的深刻含意，今天看来仍旧会让我们在哈哈大笑之余，引发一些思考。

　　在小品中，这大忽悠的一副拐，只不过坑了范厨师一个人，而如果这大忽悠要是把"拐"卖到股市里，那坑害的可就是成千上万的人。更何况，这样的情形，既不是想象，也不是比如，而是当年我们不得不面对的现实。

　　史美伦曾任香港证监会副主席。她的年薪很早即达500万港元，被香港人称为"打工女皇"。 而她的前任上司——香港证监会主席沈联涛对史美伦的评价是"不偏不倚及公正公信的处事手法，是证监会职员的一个楷模"

到2000年的时候，中国股市已经创立十年，从深原野开始，一些上市公司造假、庄家操纵市场的事件时有发生，并且违规违法者的胆子越来越大，危害越来越深。于是，管理层愤怒了，重拳出击，史称"监管风暴"。

在这其中有一个人，不得不提，史美伦。

2001年3月，作为第一位由中央政府正式聘请、由香港人担任的副部级官员，史美伦放弃美国护照，到中国证监会走马上任，担任中国证监会副主席，分管上市和融资的监管工作。

她到来的时候，正是中国股市轻松翻越2000点的巅峰时刻。躁动的市场情绪，让史美伦一到中国证监会，就感到了别样的压力。

她说："当时比较特殊的感受就是，股民的情绪是非常的热烈。"

她认为：在市场上，上市公司会保护自己、机构投资者会保护自己、庄家有自己的利益，而中小股民却没有声音。作为监管者，要保护他们。

她要做的就是，保持市场的健康发展，不允许不规范、欺诈的行为存在于市场中。

这个素有"铁娘子"之称的香港人在内地掀起了一场"监管风暴"。

在其上任之后的9个月时间里，证监会先后颁布了51件有关监管的法规和条例，有80多家上市公司和10多家中介机构受到公开谴责、行政处罚，甚至立案侦查，其中包括亿安科技、中科创业、博时基金、银广夏以及三九集团等。充分显示了监管部门加强市场规范建设的决心。

不过，决心有了，市场却跌了。2004年9月，史美伦离职返回香港，此时上证指数已经从2245点跌到了1260点，有人把责任归到了监管上。

当年曾有观察人士写道：内地投资者看她的目光是那么的复杂、那么的矛盾，他们不知道是该用掌声为她送行还是以沉默目送她。

史美伦说过，当她离开时，她希望自己把专业的态度和坚持公平公正公开的原则留给了中国股市。

44

那些"逃亡者"

1993年，首部以分账形式引入中国的美国大片《亡命天涯》上映，紧张的情节、火暴的场面让观众们看得目瞪口呆。

中国股市里也有"逃亡者"。20年来，中国股市到底出现过多少个逃亡者，目前还没有找到完整的统计，择其要者，我们可以列出几位最著名"逃亡者"——"庄家吕梁"、罗成、艾克拉木·艾沙由夫、唐李。

吕梁（右），是他把康达尔的"鸭子"赶进高科技的概念里，以一个闪亮的名字"中科创业"坐庄炒作。事情败露，他竟然公开跳出来自揭内幕。随后在有人看管的情况下，人间蒸发

原亿安科技董事局主席罗成。当年动用全集团力量坐庄爆炒自家股票，成就了中国股市的第一只百元股。事发后，第一时间失踪

原新疆啤酒花公司董事长艾克拉木·艾沙由夫。2003年
11月失踪，有人戏称，好一朵人间蒸发的"啤酒花"

原ST圣方董事长唐李。
因涉嫌财务造假和职务侵占逃
亡。牡丹江市警方悬赏5万元，
圣方公司自掏腰包20万元悬赏
征集线索。他是被自家公司悬
赏追捕的"逃亡者"，可见这
个"逃亡者"人缘真的很差

谢风华，原中信证券投行
部执行总经理。因卷入ST兴业
内幕交易案，携妻举家外逃，
成为内幕交易逃亡第一人

2003年，中国股市曾出现5位逃亡者。有人说："2003年是中国上市公司董事长'失踪年'。"

2005年后，"逃亡者"再也没有见到。

而在2010年，我们见到了一个另类"逃亡者"。他叫谢风华，原中信证券投行部执行总经理。因卷入ST兴业内幕交易案，携妻举家外逃，成为内幕交易逃亡第一人。

5年后再见股市"逃亡者"或许真的只是个另类，因为我们市场的大结构已经发生根本的改善。有人曾经说过："在一个结构中，'坏人'有可能变成'好人'，可在一个不好的或是有缺陷的结构中，'好人'也可能变成'坏人'。"虽然说得有些文绉绉，但却是对那些从时代骄子变成"逃亡者"的最好注解。

补充说明一下，《亡命天涯》，改编自1963年在美国热播的一部电视剧，它的名字就叫《法网恢恢》。

45

德隆崩塌

　　2004年，在股市中的人都曾有过一种感觉：一个神话破灭了，又一个预言成了现实。为什么这么说呢？

　　因为，就是在这一年的4月14日，A股市场上有三只股票联袂跌停，股价开始崩盘，引发市场出现新一轮下跌。这三只股票就是"天下第一猛庄"控盘的"德隆三剑客"：湘火炬、新疆屯河、合金股份。

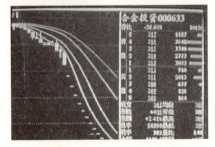

德隆三剑客，股价齐暴跌

　　"三剑客"的崩盘，彻底震裂了"猛庄"德隆集团的资金链，盛极一时的"民企帝国"——新疆德隆集团轰然倒塌。

　　德隆集团是当年新疆最大的民营企业，曾被称为"中国民营经济的骄傲"。它的崛起与崩塌反映了那个时期中国民营企业的睿智、豪放与懵懂。

　　1986年，大学肄业的唐万新，在其兄唐万里协助下，和几个朋友一起，用仅有的400元钱在乌鲁木齐创办了一家名为"朋友"的彩扩公司。

　　彩扩业务一年净赚了100万。但在后来的几个项目中又赔得一干二净。

北京JJ迪斯科广场，每年为德隆带来超过3000万元的盈利

　　进入90年代，靠代理电脑销售缓过劲儿来的唐万新注册了新疆德隆公司，瞅准第三产业在中国方兴未艾的契机，进入娱乐、餐饮和房地产开发业，仅它旗下的北京JJ迪斯科广场每年盈利就超过3000万元。德隆有了属于它的第二桶金。

　　1992年，新疆德隆开始涉足股市。以后，他们投资认股证、原始股，介入二级市场，发了大财。但是，四川长虹、深发展连续高比例送股、迅速填权的股价神话刺激了唐氏兄弟，他们产生了控股上市公司配合二级市场炒作的想法。

　　1997年，他们注册德隆投资公司，斥资收购湘火炬，并重仓持有其流通股70%。凭借优厚分配方案，第二年，湘火炬股价已经超过20元，涨了数倍，德隆获得10亿账面利润。随后，他们用同样模式控股新疆屯河、合金股份两家上市公司，"德隆系"形成。三只股票齐头并进，无论市场如何波动，就是一个劲地上涨，高峰时，股价上涨均达20倍，市值超200亿元。德隆成为威震股市的"第一猛庄"。

此后，德隆开始了令人叹为观止的"产业整合"。迅速打造出"产业与金融"两翼齐飞的民营企业帝国。德隆出名了。

然而，历史上，但凡被称为"帝国"的，好像都好景不长。

德隆摊子铺得过大、步子迈得过快。短期融资投长期项目，即"短融长投"和竭力维护"德隆系"股票价格的做法，潜伏着极大的资金链风险。

股市江湖上以出招凶狠称著的"第一猛庄"掌门人——唐万新，再也不能身穿战袍，率领"三剑客"征战股市江湖了。一扇铁窗、一身赭衣将陪伴他8年时光。隔着玻璃，他在平视外边的世界，在玻璃那边窄小的空间里，唐万新那颗凶猛的"狮心"能像他的面容那样安静吗？

唐万新的哥哥唐万里

204

曾经被"鲜花簇拥"的德隆帝国，被扫进了历史的角落

2003年后，证监会及一些地方政府似乎意识到了这一点，开始对德隆进行限制。银行不再贷款。德隆玩不转了，不惜用股价跳水来套现资金，"德隆系"股价由此崩盘。

2006年8月26日，华融资产管理公司受央行之令签署协议托管德隆。德隆谢幕。

最终，唐万新以非法集资、操纵证券市场价格罪，在2006年被判刑8年；其兄唐万里辞去全国工商联副主席职位；其弟唐万川潜逃国外。当年被"鲜花簇拥"的德隆帝国，被扫进了历史的角落。

人们都说"七年之痒"，德隆则是"七年之殇"。七年打造"德隆帝国"，崛起之快令人兴叹；七年创造的先进产业整合模式令人赞叹；七年突然崩塌，倒下速度比崛起速度还快，令人哀叹。这，似乎只能归结为德隆睿智豪迈的创业者终究不过是一个"初生牛犊"。

46

想拿赔款不容易

2000年3月31日，证监会发布行政处罚决定，认定大庆联谊石化股份有限公司(下称大庆联谊)存在欺诈上市、1997年年报虚假陈述行为；但是，由于当时中国证券市场民事赔偿机制尚未建立，投资者的损失无法及时得到赔偿。一直到6年后，才有人真的拿到了赔偿。

而最终让投资者拿到赔偿的，是主要依靠三种力量。

大庆联谊，多么喜庆的名字，但实际上却没有带给投资者哪怕一丁点儿的喜庆欢乐

第一，法律的力量。

2002年1月15日，最高人民法院发布《关于受理虚假陈述引发的民事侵权纠纷案件有关问题的通知》，这个《通知》正式打开司法受理民事赔偿的大门。同年，作为第一例以共同诉讼（也称代表人诉讼）方式起诉及开庭审理的"大庆联谊案"引起人们关注。

最高人民法院
关于审理证券市场因虚假陈述
引发的民事赔偿案件的若干规定

法 律 出 版 社

不过，这个总计800字左右的《通知》仅仅解决了立案难的问题，对审理过程中涉及到的程序性和实体性法律内容，缺乏相应的法律依据。导致法院在一年的时间里对大庆联谊案议而不决。

2003年1月9日最高人民法院又出台了《关于审理证券市场因虚假陈述引发的民事赔偿案件的若干规定》。

与"1·15"通知相比，"1·9"规定更为具体，更具可操作性。

2003年1月27日，也就是18天之后，法院立案。

第二，律师的力量。

国浩律师集团的郭锋、宣伟华律师分别在北京和上海接受了共679名投资者的委托。律师团于2002年3月29日，以共同诉讼方式起诉大庆联谊，要求其承担因虚假陈述、欺诈上市给投资者造成的损失，诉讼标的2000多万元，同时要求申银万国证券股份有限公司承担连带赔偿责任，

国浩律师集团律师宣伟华

2006年12月4日，国浩律师集团的两位律师，从哈尔滨中级人民法院执行局一次性领取了执行款907万元。这场历时5年、耗资数十万、涉及数百人，有着"中国证券民事赔偿第一案"之称的民事赔偿官司终于画上了句号

从而使该案成为中国证券民事赔偿第一案。

经过长期的等待，2004年8月19日，律师团终于盼来了法院的一审判决书，哈尔滨中院判定其中293名原告胜诉，88名败诉；总获赔金额562万元，与请求额1022万元相比，可获赔比例为55%。经过仔细分析与研究，律师团与诉讼代表人就一审判决达成一致意见——放弃上诉，而两被告大庆联谊和申银万国却分别向黑龙江省高级人民法院提起了上诉。同年12月23日，黑龙江省高院作出维持原判的判决。

这其间的周折与辛苦，恐怕不是亲身经历的人，是无法想象的。

第三，投资者自身的力量。

在法律尚不完善、结果尚不明朗的情况下，敢于拿起法律的武器，捍卫自己的权益，这需要勇气；5年漫长的诉讼过程，中间的曲曲折折，这需要坚定的信念。有了勇气和信念，好结果也就离你不远了。

　　有一位大庆联谊的投资者深有感触地说："难，非常难，好几年了。我们从心里想是拿不到的，那我们（组）以外的也拿不到。这是一场空的，没想到这次兑现了。"

　　这是迄今为止，全国惟一一例从起诉到立案，从立案受理到开庭判决，再从判决到执行，一路走完全部诉讼程序的证券民事赔偿案。

47

"南方"倒闭

1992年12月21日，南方证券有限公司在深圳成立，是券商队伍中的"国字号"。在市场低迷的1993年到1995年，南方证券投资了大量的非证券类资产。1999年的"5·19"行情，又使南方证券吸收了大量的委托理财业务，并签订了很多保底合约。这是南方证券增资扩股的开始，也为日后的巨额亏空并最终走向破产关闭埋下了伏笔。

阚治东，看上去文质彬彬。当年，他与万国的管金生、君安的张国庆并称"中国股市三大教父"，此外，他还有"救火队长"之称，当南方证券将倾之际，阚治东临危受命但却无力回天。现在的阚治东行走在创投的路上

2002年南方证券改制为股份公司，同年6月，原申银万国总裁阚治东出任南方证券总裁。

阚治东，"中国证券教父"之一。1990年，阚治东开始担任申银证券公司总裁，至此开始了他在中国证券市场的起起落落。

作为中国证券市场早期的探索者之一，阚治东是一个有梦想、想干事的人。但是到任之后，阚治东发现梦想和现实，根本就是两回事。

实际上，南方证券已逐渐病入膏肓。不仅仅是资产问题，南方当时是"人心散了，队伍都不好带了"。

2003年11月，南方证券爆发信用危机，投资者纷纷撤离，委托理财客户天天上门索债。自知无力回天的阚治东黯然辞职。

在阚治东辞职不到一个月，2004年1月2日，中国证监会和深圳市政府联合颁发公告，对南方证券实施行政接管。

2005年4月29日，证监会宣布关闭南方证券。

事实上，管理层一直在对南方证券进行手术，希望它重返健康。深圳市政府力邀阚治东出任总裁，就是期望将南方证券拔出泥潭。央行也通过再贷款的方式为其输血，让其经纪业务得以正常运转，但南方证券积重难返。2005年8月1日，建银投资在承接央行80亿元再贷款的前提下，接受南方证券74家营业部以及经纪业务、投

2005年4月29日，中国证监会宣布关闭南方证券

行业务等证券牌照。在这些证券类资产基础之上，建银投资成立了一家新的证券公司——中国建银投资证券。

值得一提的是，现在令广大投资者受益的资金"第三方存管"，就是在南方倒闭后开始推广的。从这个角度讲，作为迄今为止中国最大的证券公司破产案，南方证券还是起到了积极作用，只不过代价太大了⋯⋯

第三方存管

全称是"客户交易结算资金第三方存管"。过去，在证券交易活动中，投资者（即客户）的交易结算资金是由证券公司一家统一存管的。后来，证监会规定，客户的交易结算资金统一交由第三方存管机构存管。这里的第三方存管机构，目前是指具备第三方存管资格的商业银行。

中投证券

是中国建银投资证券有限责任公司的简称，经中国证监会批准，由中国建银投资有限责任公司（简称"中国建投"）独家发起设立的全国性、综合类的证券公司，注册资本15亿元人民币，2005年9月28日在深圳正式成立。

杭萧钢构：
天价合同的麻烦

　　在现实生活中，有许多依靠无中生有来进行策划的人和事，从表面上你是看不出它的荒诞所在的。不信？接下来就请您来看看，被称为"全流通后牛市内幕交易"的第一案是怎么被"策划"出来的。

　　2007年2月11日，杭萧钢构召开年度表彰大会，公司董事长透露，有国外的大项目准备启动，但未说具体内容。公司证券事务代表、证券办副主任罗高峰把公司大合同已草签的信息，告诉了老上级——前任证券事务代表、证券办副主任陈玉兴。陈玉兴立即电话指挥其炒股伙伴王向东（职业炒股者），于第二天一开盘买进277万股。

　　从2月12日开始，杭萧钢构股价连续3个涨停；复牌后又是3个涨停；停牌15天后复牌又出现4个涨停，再度停牌。10个交易日10个涨停板，股价累计涨幅高达159%。

　　那么，这个合同到底有多大呢？

　　人民币300个亿。

　　其实，300亿人民币合同并不算天价，当时折算美元不过43亿元，但合同标的是安哥拉安居工程。

　　安哥拉，当时刚刚结束内战，国家外汇储备才65亿美元左右，拿出近七成外储搞安居工程，真是太天价了。谁信呢？

　　并且按理说，这么大个合同，公司应该及时公告。但杭萧钢构

新闻热线：
Tel:0571-82645988-8265
Fax:0571-82645977
E-mail:zjhxjb@126.com

杭萧钢构

HANGXIAO STEEL STRUCTURE

2007年3月10日
星期六
农历丁亥年正月十三
第2期总第133期

优秀员工、工会积极分子和十年以上老员工受到隆重表彰

董事长单银木勉励大家要不断学习、不断创新，总经理陆拥军作06年度总结报告

这是2007年3月10日杭萧钢构的内部报纸，大订单的消息就是由此泄露的

2007年12月21日，杭萧钢构内幕信息泄露案在浙江省丽水市莲都区法院一审开庭。被告罗高峰（左）、陈玉兴（中）和王向东（右）在法庭受审

的解释是：因为存在不能继续履行合同的可能，所以，公司比较慎重，没有及时披露。但是，夜长梦多，消息被知情人提早泄漏出去。让公司的原高管钻了一个大空子。

比起内幕交易的神秘，后来的处罚倒显得简单明了。该判刑的判刑，该赔偿的赔偿。

被称为全流通后"牛市内幕交易第一案"结案。

一般来说，所谓黑嘴有这么几层意思，一是说大话；二是说话不着边际；三是有些话听起来不可能实现，但最后却应验了，一般指不好的预言比较多。这里要说的黑嘴，和这几层意思都沾点边，又都有着本质的不同。

华鼎财经

股市里的黑嘴，不管是说大话，还是说不着边际的话，目的很明确，就是要把你的钱，变成他的钱。说白了，就是欺骗。

2005年4月，重庆的张先生看到华鼎财经首席分析师吴敬远主持的股评节目，被其"波段翻番计划"所吸引，于是，按照热线电话，报名成为华鼎财经的核心会员，每季度会费3万元。张先生按照指令买入两只股票，结果不到一个月就被套30％左右。电话投诉找不到人，最终找到客服老总，只是以延长会员期限搪塞。张先生事后说，主要怪自己太傻，做生意的钱都赔得差不多了。

红口白牙，巧舌如簧，如果没听他说什么，无论如何都与黑嘴联系不到一块。他们舌如弹簧，满嘴跑火车，以伟大预言家的姿态，替股民寻找股市"金矿"。看他声嘶力竭的样子，真的很辛苦。不过，一旦所言与他们的利益相结合，其良心就黑了，心黑了，嘴必然就黑

赵笑云

2006年5月，无锡章女士在看到上海天力投资顾问公司汪梦飞分析师的荐股电视节目后，花4万元咨询费，成为炒股团队会员，委托汪炒股。7个月下来，章女士账户里的20万资金只剩下4万多。4万元咨询费换来15万亏损，里外里赔了20万元。

相比较而言，上述被"黑嘴"忽悠的仅仅是几十万级别的小打小闹。2008年11月，事发北京的汪建中案，那嘴才叫大。

汪建中，安徽人，1968年生。2001年成立北京首放投资顾问有限公司，曾出版《首放板块实战技法》，形成独特理论，在板块、实战研究方面领先国内咨询机构，预测出众多热点和多次大行情。由此名声大振，奠定了特有的江湖地位。

但遗憾的是，慢慢地，汪建中把路走歪了，动了坏心眼儿。他利用首放的威望，在报告发布前，动用实际控制账户买入所推荐的股票，咨询报告向社会公布后卖出股票，进行操纵买卖。期间，共操作55次，45次合计获利1.50亿元，10次合计亏损0.25亿元，净获利1.25亿元。

汪建中的操盘，引起监管部门的注意，并立案调查。

2008年10月23日，中国证监会对汪建中作出《行政处罚决定书》。没收违法所得1.25亿元，处罚1.25亿元，总额2.50亿元，这是迄今为止对"黑嘴"的最高天价罚单

　　2008年10月23日，中国证监会对汪建中作出《行政处罚决定书》。没收违法所得1.25亿元，处罚1.25亿元，总额2.50亿元，这是迄今为止对"黑嘴"的最高天价罚单。汪建中被移送北京市检察院，等待起诉。由此，他成为"黑嘴"被移送司法第一人，成为"第一黑嘴"。而汪建中案，也因其天价罚单而成为吸引外界眼球的焦点。

　　实际上，汪建中"不是一个人在战斗"。从会员费，到炒股团；从南雷北赵，即雷立军和赵笑云，到孙成刚；从"带头大哥"，到汪建中，"黑嘴"们一个比一个嘴巴大。我们得承认，汪建中是有水平的，他是靠自身研究实力，赢得影响力，利用报告发布的时间差获利，并且他并不进行个体欺骗，和那些信口雌黄、不学无术的纯骗子有所不同。但只要是良心不正，学问的大小会和"黑嘴"的大小成正比。

第八章

看到春天

　　从"三不政策"到"救市五条"；从"5·19"行情到"6·24"井喷，每一次政府利好政策都会爆发一个大行情。

　　比如，开放式基金的出现，中小板开板……

　　2004年，上海证券交易所推出ETF产品。

　　2005年，中国证券市场出现了在当时频率最高、最热点的一个术语——"股改"。

　　2006年，中国股市正式迈入全流通时代。

　　这些，都不仅让投资者看到了股市新生力量的崛起，也让他们看到了我国证券市场的法制建设正在逐步走向健全的一面。

　　虽然来得艰难，但毕竟让我们看到春天。

50

冰与火 中国股市记忆

2002年6月24日，对股民来讲，是个好日子。这一天，股市"井喷"，沪深两市大盘出现9.25%的涨幅，整个大盘近乎涨停。原因只有一个，前天晚上，国务院决定，停止执行《减持国有股筹集社会保险资金管理暂行办法》。

一道停止减持令，映红了行情大屏幕，映红了股民的笑脸。停止减持国有股的威力如此神奇。的确，国有股什么时候减持、什么价钱减持直接触碰"国"利与"民"利，这是股市利益一根最敏感的神经

这是6月24日早晨，一位普通投资者正在阅读有关停止减持国有股的新闻报道。远处通红一片的大屏幕，近处投资者喜悦的表情，今天看来依然是那样的令人心驰神往。

最近几年入市的投资者可能并不是很清楚，为什么国务院这样一个决定，能够引来如此规模的"井喷"行情。原因很简单，因为这个决定触动了中国股市自创立以来，最敏感、最脆弱的那根神经——国有股减持。

中国股市很独特。一家公司的股票可以分为国有股、法人股、社会公众股等。

国有股和法人股基本是发起人股，按1元人民币定价，社会公众股却是按溢价买入的，平均溢价5倍以上。也就是说，同股、同权，不同价。所以，国有股和法人股由于和公众股差价过大而不得流通。

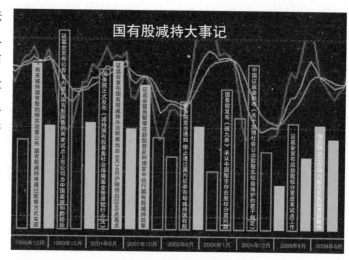

国有股减持传闻与行情关系

我们来看这一张统计照片。

在这上面，将国有股减持的进程与市场行情走势之间的关系，梳理得很清楚。我们可以看到，每当一有国有股减持的消息，市场必跌。

特别是2001年6月，有关减持国有股的暂行办法，使上证指数从2245点一路下跌，4个月的时间，市场跌去了30%，1万亿的市值蒸发殆尽。

2001年10月，国家宣布暂停"减持国有股"，当天两市大盘就曾经几乎涨停过。执行仅仅四个月的一项国务院规定被暂停，历史上还未曾见过。

但是，"暂停"并没有打消市场中长期的恐惧，当时大家都有"等着第二只靴子落地"的不安心理。市场继续走熊，积弱难返。

但即便停止执行国有股减持的决定出台之后，大家的信心也并没有完全恢复，依然觉得未来有一天国有股还会继续要减持，继续要全流通。在这样的普遍担心里，"6·24"也只能是短命的井喷。

"6·24"之后的行情走势，让市场人士的担忧变成了现实。

面对当时无法改变的制度缺陷，投资者只能努力学会一件事：等待。

而对于中国的股市来说，"6·24"行情的历史意义恰在于引出了全流通问题，从根本上解决中国股市的痼疾——股权分置。

51

冰与火 中国股市记忆

2002年6月12日，纵横国际这一曾创造了证券市场重组典型——"通机模式"的"明星"上市公司，在2002年7月12日召开的股东大会上发布公告说：公司与深圳天健信德会计师事务所就2001年度财务报告，存在诸多分歧，难以达成一致意见，所以，公司决定解聘天健信德，另外聘请江苏天华大彭会计师事务所对公司年度报告进行审计。

一般来说，公司是会计师事务所服务的客户，上市公司更是大客户，是很多事务所眼中的"财神爷"。天健信德却和自己的"财神爷"闹起了分歧，甚至不惜分道扬镳，为什么呢？

原因很简单，在对年报审计过程中天健信德发现，纵横国际有虚增销售收入、挪用募股资金用于委托理财和证券买卖、生产成本核算不规范等重大问题，说白了，就是有造假嫌疑。因此，天健信德准备出具"拒绝表示意见"的审计报告。

这就意味着纵横国际将被带上"ST"的帽子。

那还得了，和老子过不去，炒了你。这也是业内常说的"炒鱿鱼，接下家"。顾名思义，就是炒掉与上市公司意见不一致的会计师事务所，重新聘请一家，实际上是购买审计意见。

消息传来，立刻引起了中国注册会计师协会的高度警觉。他们立即提醒接任的事务所坚持原则。

纵横国际

天华大彭

这是江苏天华大彭会计师事务所对纵横国际再次进行审计后出具的意见：无法发表审计意见。与天健信德的意见一模一样

　　后来天华大彭会计师事务所究竟怎么做的呢？纵横国际后来的命运究竟怎样呢？

　　2002年7月18日，在拖了2个多月后，纵横国际2001年年报终于披露了。江苏天华大彭会计师事务所对纵横国际进行审计后，出具的意见：无法发表审计意见。就此，纵横国际被戴上了ST的帽子。

　　2001年至2009年间，注册会计师对变更事务所的上市公司出具非标准审计报告的比例，是所有上市公司非标准审计意见比例的2倍。这样的数据意味着一个行业的硬度和纯度。

52

开放式基金

前面，大家在本书中已经了解了投资基金和封闭式基金的故事。时间到了2001年，中国内地首只开放式基金——华安创新出现在市场当中。

2001年9月11日，华安创新在全国13个城市的139处网点开始销售，一天时间，20亿面向个人投资者的额度就全部认购完毕。深圳1.7亿的额度，仅用了4个小时就全部发完了。

对于当时的火暴场面，华安基金管理公司的尚志民至今记忆犹新："其实我们在之前就预期发行会受到投资者的追捧，但是没有想到竟然动用警力来维持发行秩序。对我们投资管理人而言，发得越好对我们压力越大，因为大家期望高。" 华安基金副总经理邵杰军同样对当天印象深刻，"那时候以买到第一个开放式基金为荣，大家都还是很兴奋，买到的人不多，排队的人相对很多，所以能买到他们还是比较兴奋的，能参与到买这个基金的，相对来讲是比较兴奋的这样一个状态。"

应该说，开放式基金推出伊始，市场对它的期望值非常高，各家基金公司对于自己的首只开放式基金，态度也非常明确：只许胜不许败。但态度归态度，当年的市场状况可不乐观。

开放式基金兴起的时候，正是中国股市由牛转熊的时候，基金经理们要时刻关注基金的流动性，以备可能出现的赎回，压力可想而知。不过，有压力也是好事，正是在压力之下，锤炼了一批基金

2001年9月11日，华安创新在全国13个城市的139处网点开始
销售，一天时间，20亿面向个人投资者的额度就全部认购完毕

华夏基金投资总监王亚伟以其独到的目光和稳健的风格，连续三年夺得公募基金回报率第一名，成为众多基金经理中占据状元榜时间最长的人。王亚伟如今已经成为公募基金的一面旗帜

管理人，使他们日渐成熟。

从2002年开始，开放式基金在内地出现了超常规式的发展，规模迅速扩大。时至今日，开放式基金已经成为各家基金公司的"主力部队"。而对于很多投资者来说，基金在他们的投资中所占的比重也越来越大，并由此诞生了一个新名词：基民。

53

"国九条"

　　2004年的春节比以往来得早了一些。当我们的证券投资者在1月21号大年三十，看着春晚，听着祖海演唱《好运来》的时候，或许没有多少人会想到，就在大年初十，我们会收到来自国务院的一份"祝福"大礼。

　　这是2004年1月31号国务院下发的一个文件，题目叫《关于推进资本市场改革开放和稳定发展的若干意见》（简称"国九条"），行文5000字。在这份文件中，对于中国资本市场的发展，一共提出了九条原则性的阐述，市场将其称之为"国九条"。

　　"国九条"公布之后，市场给予了热烈回应。当时，资金密集入市，沪指在历经不到两个月的时间里，已经从1300点涨到1600点，涨幅25%。到4月中旬的时候，上证指数涨到了1783点。

　　不过伴随着1783点的到来，市场并没有看到相关配套措施的到来，落实制度性阐述的具体下文仍未见到。到8月末的时候，上证指数又跌回到了1300点，比"国九条"发布时下跌23%。

　　应该说，"国九条"是自1992年12月17日国务院68号文件下发以来，作为中国最高行政机构的国务院首次就发展资本市场的作用、指导思想和任务进行全面明确的阐述。它以鲜明的态度告诉我们：大力发展资本市场，事关国家战略，各有关部门必须协调动作，在一些实质问题上有所突破。而突破的前提，是要统一认识。

国务院关于推进资本市场改革开放和稳定发展的若干意见

各省、自治区、直辖市人民政府，国务院各部委、各直属机构：

一、充分认识大力发展资本市场的重要意义

二、推进资本市场改革开放和稳定发展的指导思想和任务

三、进一步完善相关政策，促进资本市场稳定发展

人民日报
RENMIN RIBAO

2004年7月2日

麦加朝觐期间发生意外导致众多人员伤亡
胡锦涛指示我使馆全力做好相关工作

结束访问埃及前往加蓬
胡锦涛抵达利伯维尔开始对加蓬进行国事访问
邦戈总统在机场举行隆重欢迎仪式

效率就是竞争力

新疆外贸增速位居全国第一　南京人均可支配收入超万元

晋江财政收入元月超3.77亿元

锦江公路建设投资突破10亿

四川交通将投资一百三十亿元

各地佳音

加快国企改革　推进机制创新

国务院关于推进资本市场改革开放和稳定发展的若干意见

"国九条"

保险资金获准直接入市

　　三位大妈级的投资者为什么笑？市场上涨了，因为政策。政策是个好东西。股市疯涨，要靠政策把疯牛头摁下来；股市趴地下，要靠政策把它拽起来。不管是发达国家的市场，还是中国的市场，概莫能外。因为，市场不是万能的，需要不断地有政策为它调整前进的方向

　　然而，"国九条"是纲领性文献，不是救市文件，需要相关各方逐步厘清、落实，这些相关各方涉及12个部门，协调起来需要时间。而市场误将"文献"当"文件"，并缺少必要的耐心，由此对"国九条"产生"浮在空中，难以落地"的印象。

　　伴随着2005年股权分置改革的启动，使资本市场回归本源起点的"国九条"，终于赢得历史上最热烈的掌声。

54

中小板开板

2004年，一批名不见经传的中小企业，出现在资本市场的大舞台上，这就是"中小企业板"的创立。

当时场面热烈，时任全国人大常委会副委员长的成思危和中国证监会主席尚福林等领导出席了启动仪式并致辞。

2004年5月27日，深交所中小企业板块启动仪式

2004年6月25日上午9时30分，中小企业板首批8只新股在深圳证券交易所敲响了上市的钟声。这8只新股的开盘价大都超出发行价1倍以上，最高的大族激光40元开盘价为发行价的4倍多

2004年6月25日上午9时30分，中小企业板首批8只新股在深圳证券交易所敲响了上市的钟声。这8只新股的开盘价大都超出发行价一倍以上，最高的大族激光40元开盘价为发行价的4倍多。

然而，两个星期之后，7月11日新8股之一的江苏琼花就因未披露上市前2500万元无法收回的国债委托理财事项，受到深交所的公开谴责并被立案调查，证监会也开出了保荐人制度实施后的首张罚单。

管理层深知"琼花事件"的负面影响，对其采取了绝不姑息的态度，对相关责任的处理既及时又不手软，在第一时间向市场传递从严监管的决心和意志，对其他公司的规范运作提出了警示。

在当年上市的50家中小板公司中，民营企业有38家，国有和国有控股及集体控股企业12家。中小企业板公司与主板公司相比，无论主营业务还是投资者回报方面均可圈可点。中小板公司的每股收益、平均净资产收益率和每股净资产均高于深沪两市全部上市公司的平均水平，也高于2004年沪市新上市公司的平均水平。

在其后五年多的时间里，中小板公司的每股业绩明显跑赢主板公司，成长优势非常突出。特别是，一些企业在上市之后，借助资本市场的力量迅速成长壮大，就像苏宁电器。

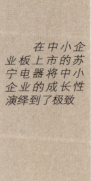

在中小企业板上市的苏宁电器将中小企业的成长性演绎到了极致

2004年7月21日，苏宁电器在中小板上市时，总股本9316万股，流通股份只有2500万股，按当日收盘价32.7元计算，总市值只有30亿元左右。在此后的近5年时间里，苏宁电器将中小企业的成长性演绎到了极致：总股本增至44.86亿股，增长45倍，总市值655亿元，增长21倍。655亿元的市值水平，即使是在沪深主板市场，也是一个大型上市公司的水平了。

2005年12月1日深交所正式对外发布中小企业板指数，成为中小企业板步入新的发展时期的一个重要标志。这是第一个全流通市场指数。

正是在此后，股市全流通改革才开始闯关。

到2010年5月时，中小板上市公司已达410家，成为中国创新型企业发展的重要平台。

55

ETF

在2004年，一只与股票比翼齐飞的基金产品，飞进了上海证券交易所。它就是"交易型开放式指数基金"，英文简称：ETF，原意是"交易所交易基金"。

世界上公认的第一只标准ETF，是1993年由道富环球投资管理公司与美国股票交易所推出的标准普尔存托凭证，又被称为"蜘蛛基金"。 到2009年年底的时候，全球ETF的数量已经达到1947只，总规模将近1万亿美元。但在2004年之前，ETF在国内还不为人熟知。

说到内地的ETF，我们不能不提一个人，上海证券交易所的副总经理刘啸东。

早在2000年，刚刚担任上海证券交易所副总经理时，刘啸东就着手进行ETF产品的开发，一做就是四年。

2002年7月和2004年1月，上证所分别推出了上证180指数和上证50指数，为ETF的推出做好了准备。

2004年1月，也就是在上证50指数推出不久，华夏基金被选定为首只ETF的投资管理人。而与华夏基金合作开发ETF产品的，正是推出全球首只ETF产品的美国道富环球投资管理公司。

2004年最后一天，华夏基金发布上证50ETF成立公告，募集资金54.35亿元，远远超过同期一般开放式基金大约10亿元左右的销量。

2005年2月23日，华夏50ETF在上证所挂牌交易。左为上证所理事长耿亮，右为华夏基金管理公司总经理范勇宏

上证50指数使用许可协议签字仪式

上海证券交易所副总经理刘啸东（右）与华夏基金管理公司总经理范勇宏（左）签署协议

  2005年2月23日，上证50ETF在上证所挂牌交易，这一天正好是元宵节，但华夏人的心里却没有过节的念头，他们像赶考一样，接受着市场的检验。

  截至2010年6月底，中国内地各类ETF产品达到14只，资产管理规模大约在700亿元左右。作为开启中国ETF时代的第一只产品——华夏上证50ETF仍以110多亿的份额、200多亿的市值规模，位居各类ETF产品的榜首。

56

股权分置改革

　　2005年的中国股市，上演了一场载入史册的"王者归来"，那就是：股权分置改革，简称"股改"。

　　可以说，在2005年之前，股权分置问题已成为中国股市最脆弱的那根神经，一有风吹草动，便引起股市的剧烈波动。好在，我们终于在2005年拿出了前所未有的魄力，开始解决这个问题。

　　2005年4月29日，中国证监会发布的《关于上市公司股权分置改革试点有关问题的通知》。三一重工、紫江企业、清华同方和金牛能源，这四家上市公司作为首批试点企业，正式启动股权分置改革。

　　但是，股改启动得相当艰难，当时对股改的质疑声音很大。在四家企业对价谈判的过程中，上证指数在6月6号跌到了998点。此时，股改表决显得至关重要。

　　为使这"股改第一股"的方案能够获得通过，三一重工在台口打出了"心存感激、产业报国"的标语，甚至还请来了湖南籍的歌唱家，来为大会助阵，这在中国股东大会的历史上仅此一例。

　　2005年6月10号，三一重工召开股东大会表决股改方案，并获得高票通过，而同一天，清华同方的股改方案遭到投资者的否决，清华同方又回到了股改的起点。

　　然而，随着股改的大面积铺开，市场的争论也随之加大，此时，一向低调的中国证监会主席尚福林开始为股改大声疾呼。

中国证券监督管理委员会文件

证监发[2005]32 号

关于上市公司股权分置改革试点
有关问题的通知

各上市公司及其股东，保荐机构，上海、深圳证券交易所，中国
证券登记结算公司：

为了落实国务院《关于推进资本市场改革开放和稳定发展的
若干意见》（国发[2004]3 号，以下简称《若干意见》），积极稳妥
解决股权分置问题，经研究决定，启动上市公司股权分置改革试
点工作。改革试点须遵循《若干意见》提出的"在解决这一问题
时要尊重市场规律，有利于市场的稳定和发展，切实保护投资者
特别是公众投资者的合法权益"的总体要求，按照市场稳定发展、
规则公平统一、方案协商选择、流通股东表决、实施分步有序的
操作原则进行，并遵守本通知规定的程序和要求。现就有关问题

　　这是2005年6月10日，三一重工召开股东大会表决股改方案。为使这"股改第一股"的方案能够获得通过，三一重工在台口打出了"心存感激、产业报国"的标语，甚至还请来了湖南籍的歌唱家，来为大会助阵，这在中国股东大会的历史上仅此一例

　　这是三一重工的股东们在为股改方案投票。结果大家都知道了，高票通过

方案通过后，三一重工的董事长梁稳根在鼓掌庆贺，满脸的喜悦，满脸的轻松

尚福林说："如果说改革有成本，主要是表现在改革过程当中有一些不确定性带来的影响。这是任何重大改革都难以避免的，解决股权分置问题不是万能的，但是不解决股权分置问题是万万不能的。"

尚福林关于股改的最著名的一句话是：开弓没有回头箭。

2006年6月19日，随着三一重工1093万限售股和全流通发行的中工国际同步上市，中国股市正式迈入全流通时代。

聚光的眼神注视着后股改时代；灿烂的笑容显露出对未来的信心满满。这位第五任证监会主席，在经过其前任主席有关国有股问题的转承启合之后，终于完成股权统一

第九章

期待未来

　　股市未来是啥样，谁都说不清，就像谁都没有料准6000点前后大盘下跌一样。

　　当然也有"福"——"创业板"和"股指期货"……

　　生活要继续，股票还得炒。

　　我们在期待，未来的中国股市到底会给我们带来什么……

57

6000点

2007年5月，一首根据《死了都要爱》重新填词的《死了都不卖》出现在网络上，并迅速蹿红，单周点击量过百万，成为流行一时的"股民之歌"。填词的这个人叫"龚凯杰"，也是一位中小投资者。

那些天，很多人都在声嘶力竭地狂吼：死了都不卖，不给我翻倍不痛快；死了都不卖，不等到暴涨不痛快，许多奇迹中国股市永远存在。

2007年5月10日，重庆解放碑某证券营业部，前来开户的市民围满了营业部的开户柜台

歌曲走红，股市更红。"股民之歌"体现的"赴死"精神，烘托着股市一个劲地往上蹿。即使经历了"5·30"的暴跌，也没能挡住大盘起舞的脚步，更没能挡住大家投入股市的热情。

2007年5月10日，四川省遂宁市几十名市民围在中投证券交易大厅的柜台前，进行股票开户。据介绍，由于股市持续走高，吸引了大批市民入市，一个月内这个营业部新增的开户数就超过1500人

在全民人情高涨的推动下，2007年10月16日，上证指数上攻到6124点，成为中国股市有史以来的最高点位。

然而，一年以后的同一天，上证指数跌到了1901点，跌去4223点；到10月28日，上证指数收盘1664点，与6124点相比，跌去了72%。大盘为什么会牛到6000点，又为什么熊得如此之快？似乎谁都给不出完整和令人满意的答案。

据《上海证券报》2008年10月的网络问卷调查显示：6000点以来，79%的投资者亏损超过50%，45%的投资者满仓，他们几乎都是2007年入市的新股民。在这场大跌中，48%的投资者亏损幅度大于72%。

不知道那位大学生手里拿的《中国新股民必读全书》中，有没有告诉我们的孩子：没有只涨不跌的股市。

　　2007年2月25日，上海书城。新学期就要来临，学生们纷纷到书店挑选新学期的辅读教材。跟往年有所不同的是，有些大学生手里除了微积分、英语等常规教材外，还多了证券投资类"新教材"

2007年5月29日，上海，一家证券公司内，几位大学生正在办理开户手续

2007年6月2日，这一天是个双休日，沪深股市闭市，但是申银万国黄浦证券营业部的门前，一些市民自发形成的股市沙龙，依然是人头攒动，十分热闹，不亚于上世纪90年代成都红庙子那壮观场景

这是当年一位白发苍苍的老先生，在证券营业部门前拍摄的一张照片，其喜悦与兴奋的心情溢于言表

58 创业板 "修成正果"

中国股市的"板"很多，有上海和深圳的主板、深圳的中小板和创业板、中关村的三板。

在所有的这些"板"中，从酝酿到推出，时间跨度最长的，就是这个创业板，前后历时11年。

创业板起源于国外，主要是为那些创业型高科技小公司而设。一是为其开辟直接融资渠道；二是为草创阶段就介入的风险投资资金开辟退出途径。美国的纳斯达克市场是全球最成功的创业板市场，微软、IBM就是从这个市场里走出来的企业巨人。

成思危，曾任全国人大常委会副委员长，是著名经济学家，典型的学者型官员。他除了作为国家领导人而被全国人民所熟悉之外，广大投资者熟悉他是基于他对中国资本市场的特殊贡献。20年来，他一直不知疲倦地为风险投资基金奔走呼号，被尊为"中国风险投资之父"。如今中国创业板修成正果，首先想到的就是这位老者

2009年8月14日，中国证监会第一届创业板发行审核委员会
在人民大会堂成立。9月17日，首批7家创业板公司通过发行审核

2009年10月30日，在创业板上市仪式上，第一批上市公司的
老总们在举锤庆贺

中国证券监督管理委员会

证监函〔2009〕323 号

关于批准深圳证券交易所设立
创业板市场的批复

深圳证券交易所：

　　你所上报的《关于在深圳证券交易所设立创业板市场的请示》（深证发〔2009〕28 号）收悉。经国务院同意，现批准你所设立创业板市场。请你所抓紧做好创业板市场设立的各项准备工作，确保创业板市场平稳推出和稳定运行。

二○○九年十月十六日

2009年10月16日，经国务院同意，中国证监会批准深交所设立创业板市场

创业板首批公司上市仪式
—— Listing Ceremony for First Issuers on ChiNext ——

2009.10.30 中国 深圳 Shenzhen China

我国最先提出创业板动议的是民建中央。1998年3月，民建中央向九届政协提出的《关于借鉴国外经验，尽快发展我国风险投资事业》的提案，被列为"一号提案"。主持这个提案的，就是当时的民建中央主席、被誉为中国"风投之父"的成思危。

　　成思危说："风险投资的发展它是有退出的机制，退出的机制就是两个，一个是并购，一个是上市，所以没有股市，风险投资的退出是不完整的。"

　　1998年12月，国家计划发展委员会向国务院提出"尽早研究设立创业板块股票市场问题"，国务院要求中国证监会提出研究意见。

　　于是，在2000年4月，证监会向国务院报送《关于支持高新技术企业发展设立二板市场有关问题的请示》，就二板市场的设立方案、发行上市条件、上市对象、股票流通以及风险控制措施等问题提出了意见。5月16日，国务院原则同意中国证监会意见，并将二板定名为创业板市场。6月30日，深交所第二交易结算系统正式启用。10月底，深交所完成了创业板系统的全网测试，万事俱备。

　　但是，随着华尔街网络经济泡沫的破灭，纳斯达克市场几乎接近崩盘，全球股市出现大跌，创业板暂时被叫停，而这一停，就是4年。

　　2009年3月31日，中国证监会在其官方网站上发布了《首次公开发行股票并在创业板上市管理暂行办法》，经过11年，创业板终于有了明确的时间表。9月17日，首批7家创业板公司通过发行审核。

　　创业板的开板，标志着我国资本市场多层次建设取得实质性突破，更意味着资本市场成为创新经济"新引擎"。

59

股指期货

　　2010年元旦期间，在中国上映了一部超级大片叫《阿凡达》。"阿凡达"一词的词根来源于梵文，通俗的理解就是"化身"的意思。而就在2010年，中国的资本市场也迎来了一个证券市场的"阿凡达"——股指期货。

　　2010年4月16日上午9时15分，在上海的中国金融期货交易所，中国证监会副主席桂敏杰为一个新交易品种敲响了开市的锣声。这个新的交易品种叫"沪深300股票指数期货"，也就是我们大家所说的"股指期货"。

2010年4月16日上午9时15分，在上海的中国金融期货交易所，中国证监会副主席桂敏杰为"沪深300股票指数期货"敲响开市的锣声

2006年9月，中国金融期货交易所在上海挂牌

对于以往只能单向做多的中国股市来说，有了股指期货，便有了做空机制，也就说，你在股票现货市场做多，股指期货市场做空；当股票市场涨了，现货做多受益；当股票市场跌了，股指期货做空受益，反之也是如此。这无疑是我们交易制度的一场革命。

谈到发展股指期货的优势，中国证监会主席尚福林说："发展股指期货有利于改善股票市场的运行机制，增加市场运行的弹性；有利于完善市场化的资产价格形成机制，引导资源优化配置；有利于培育成熟的机构投资者队伍，为投资者提供风险管理工具。"

可能很多人有所不知，为了这场根本性的革命，我们等待了整整16年，比创业板的时间还要长。

早在1993年，海南证券交易中心就曾经推出过深圳的股指期货。那时，由于大家对股指期货的认识有分歧，市场的投机气氛又太浓，管理层很快就把它关闭了。

1999年，上海期货交易所开始研究股指期货，并且在2002年完成了上证50和上证180股指期货的方案设计、论证、规则制定以及技术准备，另外还进行过小范围的模拟交易。后来，同样是因为某种担忧，一直无法落定。

随着中国股市全流通时代的到来，市场进一步成熟，为股指期货的推出打造了前提条件。

2006年7月，中国证监会出台股指期货8条规则；同年9月，中国金融期货交易所在上海挂牌，一切才尘埃落定；10月，中金所股指期货仿真交易开始启动。

2007年8月，上证所、深交所、中金所、中证登记公司、中期保证金监控中心，签署监管协作协议，"五方监管"体系建立。至此，交易场所、游戏规则、实战模拟、监管体系都已建设完毕，股指期货设立万事俱备。

直到2010年1月，国务院原则同意推出股指期货。

2010年4月16日股指期货开市首日，成交突破5万手，成交金额600多亿元，相对9000多的开户数而言，交易非常活跃。

不过，开市前人们寄希望股指期货带来的大蓝筹时代，并没有出现，大蓝筹股似乎成了眼下机构们手中的"鸡肋"。

未来，股指期货到底会给中国股市带来什么，一切还都在进行当中。

2010年4月16日，"沪深300股票指数期货"上市交易。主力合约IF1005首笔成交价3405.0，成交量一手。谁做的？不知道。但在中国资本市场上这具有里程碑意义，这个价格基本上是股指期货上市直到现在的最高价

冰与火　中国股市记忆

　　有一首歌叫《股民老张》，这是一首名副其实的中国股民之歌。它的作者并不姓张，他叫"邱柯"，是一位清华大学硕士毕业的职业投资人，炒股之初，曾饱受套牢和割肉之痛。2003年，邱柯的儿子降生，为了向儿子证明自己曾经会写歌，邱柯将自己多年来在股市里摸爬滚打的经历和感悟写了出来，于是便有了这首《股民老张》。

　　《股民老张》不仅仅是一首歌，它还是一部中国股市的成长史，是一部中国投资者的成熟史，是中国股民的自画像。

　　曾经有人在网上提出过这样的问题：中国股民到底是一群怎样的人？其实，中国股民就是你身边的那群人，是你的爸爸妈妈、兄弟姐妹，是你的同学同事、亲戚朋友，甚至就是你自己。

　　有人说，他们是一群总以为自己聪明，却把20多岁的毛头小伙子尊为"股评家"的老实人；是一群最痛恨内幕交易，却四处打听消息的可爱人；是一群相信价值投资，却总股票和价值连不到一起去的糊涂人；是一群本不应该被称为股民，也必须为其正名的投资人。

　　中国证监会主席尚福林在接受采访的时候说：我们国家的个人投资者，大概是全世界个人投资者当中，技术分析水平最高的，他们要通过自己去摸索，去看书、学习，他们付出的劳动是最多的。

　　有人说，中国投资者是一群凭借勤劳、善良、淳朴，刚刚解决温饱，正期待和祖国一起迈上复兴大道的人；是一群相信知识可以改变命运，期待通过合法手段改善生活的人；是一群用肩膀撑起中国国企乃至中国经济改革重担，却从未得到过任何勋章的人；是一群总被嘲笑，却未曾做过任何对不起祖国、对不起人民事情的人；是一群牢骚满腹，却用真金白银来证明，相信中国经济充满希望的人。

实际上，不但这一代投资者对未来充满了希望，同时他们还把希望寄托在了下一代身上。上海早期的一位投资者——赵善荣，他给自己儿子起的名字叫赵证券，后来改叫赵证；杨百万给自己孙子起的名字叫杨线，小名"涨停板"。

所以，中国投资者应该是一群曾被忽视，却终究会被历史记住的人；是一群最值得关心，也最应该被关心的人。

到这里，《中国股市记忆》将告一段落，但不是结束。只要中国股市还在继续前行，那么，我们有关中国股市的记忆，就不会停止……

《股民老张》

九点半上岗／十五点离场／星期一到星期五　天天都挺忙
炒股为哪桩／咱没太大理想／庄家要是吃了肉哇／跟着喝口汤
没练××功／不沾毒赌黄／买进卖出两头纳税拥护党中央
炒股票的感觉／究竟怎么样／听我给你仔细地说个端详
赚钱不容易／被套很平常／一年三百六十天经常是满仓
浅套快止损／深套就死扛／四季转换风水轮流早晚被解放
股票一赚钱／心就有点慌／不知到底该了结还是该加仓
蒙上一匹大黑马／那叫一个爽／一天一个涨停板／感觉忒膨胀
指数一横盘／是谁都没主张／不温不火不上不下／抻着牛皮糖
要问钱在哪／就在你身旁／看不见摸不着就让你听个响
秋风吹又凉／大地一片黄／主力资金往外撤年底要结账
飞流直下三千尺／一看是股指／挤泡沫的感觉／就是心尖拧的慌
研究基本面／不能傻算账

银广夏和全国人民都敢耍花枪

蓝田股份、东方电子/造假能怎样

严打黑庄一审判

嗨 没见着吕梁

投资要理性/价值第一桩

可ST的股票总是翻着倍的涨

资产重组老生常谈/年年月月讲呵

公司不仅卖业绩/还能卖想象

消息很重要/可咱耳朵不够长

报纸电视收音机外带互联网/股评家们两片嘴

左右都是理/红嘴黑嘴黄牙白牙/各唱各的腔

跟庄不入门/时间开了窗/坐在家里盯着K线慢慢数波浪

江恩、布林、巴菲特呀/谁来帮帮我

金叉、死叉、KDJ/是越整越迷茫

学习讲方法/钻研有名堂/不要只去找干粮/还得找猎枪

给你一个指南针/自己能找北呀

借他一点小聪明/照样撞南墙

这里没有地狱/没有天堂

这里不是赌场/也不是银行

离不开的股市/下不了的岗

这是我们发展中的"证券市场"

我来到这里的动机并不算"高尚"

我起得到的作用却能"兴国安邦"

揣着一分梦想和九分坚强

六千万里有我一位股民老张!

六千万里有我一位股民老张!

走啊,抄底去

后 记

不能被遗忘的记忆

■《中国股市记忆》总导演　郝鹏洲

才下眉头，却上心头。

这就是2010年我每天的工作状态。

坦白地说，在制作《中国股市记忆》之前，没有想到20年的记忆是如此的精彩，更没想到实现起来是那样的痛苦。

想梳理这段历史由来已久，2003年和一些朋友聊天时，就想做，按照《十三本记》制作十三集，但之后就不了了之。2008年的时候，我们制作了一期20分钟的专题片《股市十八年》，算是接触了一些参与过中国股市创立的人物，像中国证监会首任主席刘鸿儒、上海证券交易所首任总经理尉文渊、深圳证券交易所首任副总经理王健、联办总干事王波明，以及曾任证监会研究中心主任的李青原等等。这部专题片在深圳播放时，现场鸦雀无声，甚至有人流下了激动的泪水，播放结束后现场掌声一片。

2010年是新中国股市20周年。年初的时候，《中国股市记忆》这样的回顾性节目自然就被提上了拍摄日程。

接下来几个月时间都是在做资料收集的工作，最终，我们收集了近万张图片，近百件珍贵文物，录制了100多位当事人长达12000分钟的珍贵资料。这样大规模的全国收集，这样全面的人言、物证，前所未有。有一次正巧遇上一位平面媒体的同行，他说，兄弟，现在市场这么浮躁，但你们能静下心来做这么枯燥却有意义的事，真好。

其实，节目的制作过程用"枯燥"这个词是完全不够的，台本一次次被改写，演播室方案一次次被推翻，表现形式一次次被否决，让我感到的是痛苦甚至绝望。有朋友开导我说别这样为难自己，但是在我看来，如果不难就肯定出不来精品，出不了受欢迎的片子。

透露些内幕。实际上刚开始这节目的名称是《中国股市档案》，制片人吴小杰认为"档案"太正、太冷，而"记忆"会更贴近，角度更低。因此后来改成了《中国股市记忆》。

在对这20年的梳理中，我发现无论对老百姓还是决策层，对个人还是国家而言，都是最难以忘记的一段历史：

艰难的诞生之痛、前途未卜的煎熬、一锤定音的巨大勇气、懵懂的狂欢、从天堂到地狱的绝望、寻找理性的探索……

这种种，都是一个民族最深刻的记忆之一。

每天我都会仔细看一张张照片，反复聆听每一位讲述者的话语，有时候我似乎也进入到了那个年代，进入到了这个事件，变成了一个亲历者，我敬佩那些目光远大的决策者，敢为天下先的开创者，我感动那些普普通通，对中国经济充满希望的投资者。痛恨那些红口白牙，坑蒙拐骗的造假者。我相信经过经过这二十年的发展中国的资本市场已经不会再有关的讨论，是不是可以这样说我们已经摸着石头过了河。

《中国股市记忆》打动了人们，很快，各大网站纷纷转载，证券营业部、商场、写字楼的电视前都聚集着大量的观众。

观众最多的反馈是"看得不过瘾"，因为时间限制，我们无法将更多精彩内容放进4分钟的短片中，无法满足人们了解更多股市片段的渴望，于是，很自然地，我们想到了用书来承载更多记忆，于是，有了《冰与火——中国股市记忆》这本书。

在这里要感谢很多人对《中国股市记忆》节目以及这本书的支持与厚爱：

现任中国证监会主席尚福林先生接受了我们的专访并对节目制作提出了具体的建议。中国证监会首任主席刘鸿儒先生不仅接受了我们的专访，还为本书撰写了序言，并提供了部分珍贵的照片。中国证监会、上海证券交易所、深圳证券交易所、国泰君安证券公司、华夏基金管理公司都给《中国股市记忆》提供了专业的支持。

我们还要感谢媒体同行给我们提供的帮助，更要感谢许许多多的知名和不知名的人们，是他们无私地奉献了许多珍贵的照片、文物和故事，才使得《中国股市记忆》如此地贴近历史。

股市还在继续，我们的《中国股市记忆》也还在记录。